追梦现代农业

——江西省新型农业经营主体创业发展纪实

中国商业出版社

图书在版编目(CIP)数据

追梦现代农业：江西省新型农业经营主体创业发展纪实／谭酬志著．－北京：中国商业出版社，2017.9
ISBN 978-7-5044-9945-5

Ⅰ．①追… Ⅱ．①谭… Ⅲ．①农业经营－经营管理－研究－江西 Ⅳ．①F327.56

中国版本图书馆 CIP 数据核字(2017)第 154207 号

责任编辑：蔡 凯

中国商业出版社出版发行
010-63180647　www.c-cbook.com
(100053 北京广安门内报国寺 1 号)
新华书店经销
涿州市星河印刷有限公司印刷

＊　＊　＊　＊

787×960 毫米　1/16　11.25 印张　240 千字
2017 年 9 月第 1 版　2017 年 9 月第 1 次印刷

定价：38.00 元

＊　＊　＊

(如有印装质量问题可更换)

主　编　谭酬志
副主编　张　辉　刘志坚
编　委　金平国　胡永德　梁小敏　吴小荣　吴长孙　刘遂飞　周冬根
　　　　　　吴　琼　严　鹏

序 言

1973年12月,安徽凤阳县梨园公社小岗生产队18户农民在大包干契约上重重地摁下了他们的手印。由此,以家庭联产承包责任制为主要内容的中国农村土地改革开始以旭日喷薄之势席卷古老而贫困的土地,极大地激发了亿万中国农民的积极性和创造性,深刻地解放了长久沉睡的中国农业生产力。这一肇始于安徽凤阳小岗村的创举,在让亿万中国人民告别饥饿阴霾的同时,也创造了世界减贫史上的奇迹。

作为我国长期坚持的一项农村基本经营制度,家庭联产承包责任制为促进我国农业生产力的快速发展做出了重大贡献。然而,在我国加快由传统农业向现代农业转型的历史进程中,农业生产的分散性已不能满足社会化大生产的需要,以农户为基础的家庭联产承包无法形成现代化大生产的规模经济效应,农户组织化水平低下,盲目生产和农民市场主体缺位的市场风险不断加大。而随着新型工业化、信息化、城镇化、农业现代化的同步发展,相当部分农村地区的青壮年劳动力持续向外转移,我国农业生产经营"兼业化、副业化、粗放化"和农业从业者"老龄化、女性化、低文化化"趋势正在加速,"谁来种地""地怎么种"以及"新农村谁来建"已经成为我国广大农村全面建成小康社会的新问题。

为此,十八大报告提出,要"培育新型经营主体,发展多种形式规模经营,构建集约化、专业化、组织化、社会化相结合的新型农业经营体系"。这是对新形势下农村改革发展作出的重大部署。十八届三中全会《决定》指出,要"加快构建新型农业经营体系,坚持家庭经营在农业中的基础性地位,推进家庭经营、集体经营、合作经营、企业经营等共同发展的农业经营方式创新"。2015年中央一号文件也提出,要"加快构建新型农业经营体系,坚持和完善农村基本经营制度,坚持农民家庭经营主体地位,积极发展多种形式适度规模经营"。党的十八大以来关于我国农村改革发展的一系列重大文件的相继出台,为我国未来创新农业体制机制和发展现代农业指明了方向。

相对于传统一家一户的农业生产单位,作为现阶段农业发展的中间力量,以家庭农场、农民专业合作社、农业企业等为代表的新型农业经营主体,更具有灵活性和先进性,体现了改造传统农业、发展现代农业的必然性,正日渐彰显迈向现代农业的生机和活力,也为创新新型农业经营体制奠定了坚实基础。因此,培育壮大新型农业经营主体,既是抵御农业生产风险、促进农民有序转移和提高农民收入的重大举措,也是加快农村土地承包经营权流转的必然要求,更有利于农业生产力的进一步提升,事关"三农"中国梦的实现。

为认真贯彻 2016 年春节前夕习近平总书记在视察江西时对"三农"发展提出"要推进农业现代化,提高社会主义新农村建设水平,让农业农村成为可以进一步大有作为的广阔天地"的重要指示,落实江西省委、省政府提出的"建设现代农业强省,加快推进农业现代化"的现代农业发展目标,江西农业工程职业学院在江西省农业厅党委、行政的正确领导和大力支持下,在长期开展省农技推广人员培训、农民创业培训、农民田间学校师资培训和现代青年农场主培训的基础上,组织编写了《追梦现代农业——江西省新型农业经营主体创业发展纪实》(以下简称《纪实》)这本教材,以期生动描述我省新型农业经营主体的目前发展概况,为我省加快农业发展方式转变,大力建设现代农业产业体系、生产体系、经营体系,着力培育和壮大更多农业创业者和新型农业经营主体提供具有典型意义的借鉴与参考。

《纪实》分为"农民专业合作社篇""农业企业篇""家庭农场篇"三个部分。《纪实》中所涉及的受访或调查对象主要为曾经接受过江西农业工程职业学院青年农场主培训或新型职业农民培训的学员,通过再学习,在经营思维、管理理念、创业思路、生产技术等方面有显著提升。此次《纪实》的编写集中展示了新农人的创业风采。本书紧密联系实际,通过现场走访和实地调研等方式,以生动、鲜活的实例,比较完整、客观地叙述了这些新型农业经营主体的发展历程、经营模式、销售渠道、远景规划,概括性地提炼了他们的典型经验和成功做法,也实事求是地分析了他们在成长过程中面临的共性和个性问题及发展瓶颈,并在此基础上开展了原因剖析。本书既可作为我省青年农场主开展农业培训的主要教材用书,也可作为我省高职高专创新创业教育教材和大学生创业教材。

目　录

农民专业合作社篇 ·· 1

 永修县巨丰养兔专业合作社 ·· 2
 南城县五黑鸡养殖专业合作社 ·· 6
 靖安县古楠生态种养专业合作社 ······································· 9
 奉新县隆斌农业机械农民专业合作社 ································ 13
 芦溪县火旺火龙果种植专业合作社 ··································· 17
 吉安县阅尘堂石斛种植专业合作社 ··································· 20
 鹰潭市球太食用菌种植农民专业合作社 ···························· 23
 鹰潭市先锋水稻合作社 ·· 27
 樟树市福顺葡萄种植专业合作社 ······································ 30
 新干县福禄泉蔬菜专业合作社 ··· 33
 高安市春满冠果蔬专业合作社 ··· 36
 高安市鑫农葡萄专业合作社 ·· 39
 乐安县旺农肉牛养殖专业合作社 ······································ 42
 资溪县森郎种养专业合作社 ·· 45
 南昌县正志综合种养合作社 ·· 48

农业企业篇 ·· 51

 江西鑫曜农业发展有限公司 ·· 52
 南昌县青岚现代农业有限公司 ··· 55
 江西圣果农业科技有限公司 ·· 58
 江西腊月红生态果业有限公司 ··· 61
 江西龙城农业发展有限公司 ·· 64
 江西思科农业开发有限责任公司 ······································ 67
 宜春市绿龙现代农业发展有限公司 ··································· 71
 江西省吴城农业发展有限公司 ··· 74

江西新农园实业有限公司 …… 77
江西省葛溪正太禽业开发有限责任公司 …… 80
芦溪县泰安养殖有限公司 …… 83
江西盛丰农业科技有限公司 …… 86
萍乡益丰园绿色实业有限公司 …… 89
泰和县西昌凤翔禽业有限公司 …… 93
江西齐力实业发展有限公司 …… 97
宜黄县军峰山茶叶有限公司 …… 101
临川金山生物科技有限公司 …… 104
江西长实竹子科技有限公司 …… 107
江西明秋农业综合开发有限公司 …… 110

家庭农场篇 113
    永修县西江家庭农场 …… 114
    永丰县邹先佼家庭农场 …… 117
    进贤县下埠集现代青年家庭农场 …… 120
    上饶县飞凤家庭农场 …… 123
    上饶县石人童家山林场 …… 126
    吉安县卓力生态农场 …… 129
    上栗县乒乓家庭农场 …… 133
    芦溪县福帮家庭农场 …… 135
    萍乡市湘东区东桥镇素华家庭农场 …… 138
    分宜县晚根家庭农场 …… 141
    智天蔬果种植家庭农场 …… 144
    吉安县龙之梦家庭农场 …… 148
    乐平市开泰种养农场 …… 151
    崇义县莆芦墩生态家庭农场 …… 154
    乐安县尚亮家庭农场 …… 157
    临川区庆伟家庭农场 …… 160
    良田丰家庭农场 …… 163
    湘东区丰瑞家庭农场 …… 166
    高安市梦里水乡家庭农场 …… 169

后记 …… 172

农民专业合作社篇

永修县巨丰养兔专业合作社

——小兔子大产业

永修县巨丰养兔专业合作社成立于2012年,为永修县、九江市两级优秀农民合作社,以肉兔养殖、加工、销售为主。合作社负责人季玉真被评为九江市农业产业发展先进个人、江西省劳动模范。

一、合作社发展历程

合作社负责人季玉真1999年于枣庄师范学院中文系毕业,南下深圳寻梦,并结识江西永修县小伙熊强,俩人2003年结为连理。2008年4月,夫妇俩选择回乡创业。当时在没有太多的启动资金的情况下,经过市场调研,选择了养殖兔子的创业项目。

为什么选择兔子呢?俗话说:"飞禽莫如鸽,走兽莫如兔。"兔子具有极高的食用和药用价值,被誉为"美容肉"、"保健肉"、"益智肉"、"肉中之素"等。随着人民生活水平的日益提高,百姓对兔肉的需求量会越来越多。加上永修县具有丰富的牧草和药草资源,非常适合食草性兔子的养殖。而且季玉真山东老家的养兔业比较发达,她很小就接触兔子,对兔子有一定的了解,做生不如做熟,所以选择了兔子养殖,她立志把小兔子做成大产业。

2008年7月,季玉真熊强夫妇筹集15万元启动资金,租下镇里的一处老旧办公楼,从40只比利时种兔养起,开始了艰难的创业之路。比利时兔生长快、繁殖能力强,主要是肉用,当地没有规模养殖。因为兔子喜欢干燥,而当地却很潮湿。湿度大易引起兔子腹泻,降低兔子的抵抗力。为减轻湿度对兔子生长的影响,他们采用立体笼养的方法,避免兔子接触地面,减轻湿度对兔子的影响。夫妻俩从网上学习、书本上学习、向同行学习养殖方法,精心养殖,不到一年时间,肉兔出栏量达到近2000只。到2011年底,季玉真的养兔场达到年产1万只优质商品兔的养殖规模,是永修县第一家规模化的肉兔养殖场。

为满足市场的需求，同时带动周边农户共同致富。2012年，在当地政府的大力扶持下，永修巨丰养兔专业合作社成立，发展社员10人。合作社为入社农户提供种兔和无偿技术服务，对肉兔进行保底价统一销售。由于兔肉品质佳、口味正宗，产品供不应求。2014年，季玉真个人出栏商品兔5万多只，整个合作社出栏商品兔10万多只，总销售额将近600万元，带动贫困户109户发展养兔产业，户均增收8160元。

2014年8月，一座360平方米的现代标准化育种兔舍投入使用，年出栏达8万只以上，年毛利达320多万元。为提高产品的经济效益和品牌效益，2014年10月，合作社推出手撕烤兔，并注册"月肴"商标。2016年10月，在江西省农业厅举办的第二届休闲美食推介会上，合作社的兔肉产品被评为江西十大休闲食品。

季玉真在喂养兔子

此外，季玉真夫妇还开发出6亩草场，摸索出一套经济实用、绿色高效的养兔技术。他们利用当地丰富的鱼腥草、蒲公英、葛叶等药草资源，配以花生秸秆、玉米秸秆及少量玉米等制作成颗粒饲料，不仅改善了兔肉品质，而且大大降低了饲养成本。

通过市场调研发现，以往养殖户都是直接销售活兔，兔皮、内脏、兔头浪费严重。为解决这一问题，2015年，季玉真夫妇又成立永修县金泰加工合作社，投入150多万元建成占地160亩的养殖和加工基地。基地集兔子养殖和兔肉深加工于一体,解决了肉兔养殖的后顾之忧,延伸了产业链,实现了兔肉、兔头和毛皮深加工,提高了经济效益。"月肴"烤兔、香辣兔头等兔肉深加工产品,受到消费者好评,而季玉真本人也被人亲切地称为"兔姐"。

二、经营模式及产品销售渠道

永修县巨丰养兔专业合作社采用"核心社员+农户"的管理模式。即以养殖肉兔为基础,由核心社员季玉真为其他社员统一提供种兔、饲料、疫苗、免费提供技术指导,统一收购、销售的模式。随着现代化加工厂的建成,形成了"种植(牧草)、养殖(肉兔)+兔肉深加工+销售"的经营模式。

时任省委副书记尚勇同志考察季玉真养殖基地

合作社产品主要销往福建、南昌、浙江、九江、鹰潭等地。最初采用零售和批发的产品销售模式,随着养殖规模的扩大,采用了订单直销和酒店配送。目前,在原有的销售渠道基础上又加入了淘宝、微店等网络销售方式。

三、发展经验

政策扶持和政府关心很重要。为加快合作社的发展,九江市和永修县政府各相关部门给予了优惠政策和一定的资金支持。2012年,永修县政府出台了"自筹资金为主、创业贷款解困、奖励扶持添花"的办法，鼓励自主创业，县就业局为合作社提供了10万元贴息贷款，用这笔贷款新建了两个兔棚，存栏量增加了一倍。2013年、2014年，永修县扶贫和移民办分别投入5万元和28万元用于合作社开展养兔产业扶贫示范基地建设，并在2014年将合作社列为重点扶持对象。合作社还被列为九江市财政局帮扶对象，局领导曾先后四次来到合作社现场调研，为合作社的发展想办法、出点子，提供帮扶资金。2014年5月，时任江西省委副书记尚勇到永修县巨丰养兔专业合作社考察。正是有了政府的支持，才有了合作社的飞速发展。

坚守是成功的关键。合作社负责人季玉真从一个打工妹成长为创业带头人，带动了永修县肉兔养殖户致富。季玉真认为，合作社创业带来的成就感让她更加坚定自己的人生信条，不论遇到什么困难，都应坚守梦想，在人生的坐标中寻找价值，青春之所以美好是因为留下了奋斗的痕迹。

四、发展瓶颈与远景规划

要把合作社做强、做大，就要不断创新、研发新产品。合作社目前的发展瓶颈是缺乏专业技术人才。新的肉兔、食草药兔、功能兔等新品种的研发需要人才；研发出符合不同地方口味又具有自己特色的烤兔肉需要人才；兔皮、兔毛加工，兔血、兔肉脏的利用都需要技术和人才支撑。季玉真熊强夫妇对合作社今后五年的发展规划如下。

一是与有关科研院所或高院合作开发食药两用新兔肉产品。在养殖方面，通过为兔子食用草本的食中草药，使兔肉具有食用和保健功效；在兔肉的加工过程中，生产出适应不同地方消费者口感的特色产品。

二是在"十三五"期间，围绕兔子产业进一步延伸产业链，建设肉兔饲料加工场和利用兔粪等生产有机肥料。即建成生产（养殖）、加工、销售相结合，肉兔的有机养殖和技术服务为一体的综合型合作社，形成肉兔饲料加工销售，肉兔养殖、兔肉、兔头和毛皮深加工销售，有机肥料生产销售，实现一、二、三产业融合发展，打造一个具有江西特色的兔制品品牌。

三是利用养兔技术带领周边农户养兔从而带领更多的人一起致富，把小兔子做成大产业。

南城县五黑鸡养殖专业合作社

——立体化生态种养

南城县五黑鸡养殖专业合作社成立于2011年，是一家集五黑鸡繁种、养殖、销售于一体的合作社；养殖基地位于洪门镇张家山林场，果园林地600余亩，是五黑鸡原产地唯一纯种五黑鸡养殖基地。该合作社向全国销售鸡蛋、雏鸡苗、成品肉鸡、发酵鸡粪、蚯蚓等商品，为用户提供饲养、场地建设、商品鸡养殖技术指导服务。合作社现为抚州市农业产业化龙头企业，重合同守信用AA级单位。合作社理事长李金华被评为江西青年创业百强选手，并入选团中央"中国青年才俊培养目标"。

一、合作社发展历程

在外务工多年的李金华，2008年返乡创业，在南城县洪门镇承包山林600余亩，成立南城金秋立体开发园，进行综合立体种养。先后养殖生猪、五黑鸡、鳜鱼、鸭鹅，种植南丰蜜橘和杉木。他在山上栽种蜜橘杉树，树下养殖五黑鸡，林间空地建猪舍饲养生猪，水面养殖鸭鹅，水下养鱼，形成立体化的生态种养体系。

五黑鸡又名药鸡，极具药用价值，皮薄肉嫩，味道鲜美，也是优质肉用鸡，被称为"中国黑宝"、"鸡中珍品"。五黑鸡起源于南城县浔溪乡，至今已有1300多年的养殖历史，具有黑冠、黑羽、黑皮、黑肉、黑骨的"五黑"特征。李金华瞄准五黑鸡"食药合一"的特点，到

五黑鸡

处搜集优良五黑鸡品种。2011年,他牵头成立了南城县五黑鸡养殖专业合作社,主要从事南城五黑鸡的保种、提纯、繁育、养殖、研究等工作,现有成员103人。

2014年6月,三位在大陆创业多年的台湾老板慕名来到南城县,他们在上海、福建及浙江开设了多家高端餐饮配送企业。他们听说南城县五黑鸡养殖专业合作社饲养的五黑鸡品质上乘,萌生了以五黑鸡为食材加工美食的想法。通过考察、洽谈,他们与南城县五黑鸡养殖专业合作社达成合作意向。从此,南城五黑鸡飞出了江西,飞上了上海、福建、浙江等地顶级酒店的餐桌。

2015年初,合作社投资50余万元,将该县建昌镇北源村小组及其周边约300亩土地整体流转过来,种植麻姑稻,采用传统方式,不打农药、不施化肥,生产优质麻姑米。

2015年6月,合作社投资300万元在风景秀丽的南城县麻姑山风景区流转了两个自然村,定位生态休闲观光农业,注册成立江西麻姑仙山文化旅游有限公司。

目前,合作社蛋鸡存栏2万羽,商品猪存栏1200头,年产鳜鱼2万余斤;种植南丰蜜橘120亩,年产蜜橘30万斤,人工造林栽种杉木300多亩。合作社的麻姑仙山生态米在2015年"生态鄱阳湖,绿色农产品"上海展销会上被评为金奖产品。

二、经营模式及产品销售渠道

合作社采取"种(养)植+农产品深加工+销售+观光农业"的经营模式,聘请江西农业大学王文君教授和南城县高级畜牧师章国祥为技术顾问,全面负责原种五黑鸡的提纯及养殖技术。经过努力,合作社已经开发出一整套五黑鸡养殖技术,为五黑鸡产业发展提供技术保障。

合作社本着服务农村、农户、农民的宗旨,采取"合作社+基地+农户"的生产模式,带领农民发展五黑鸡养殖产业。实行统一育种、育雏、供苗,统一养殖技术与防疫,统一饲料配方与养殖标准,统一回收、品牌包装与销售"五统一"养殖管理模式,年出栏五黑鸡20万羽,年销售额约3000万元。

合作社还积极响应党中央关于精准扶贫的号召,进行五黑鸡订单式养殖,实践了到人到户的精准扶贫模式。对有意愿养殖五黑鸡的贫困户,以家庭为单位发放一定数量的60日龄五黑鸡母鸡,并与他们签订回收合同,到产蛋后约定的时间段内由合作社统一回收。回收时五黑鸡基本可以长到1.5公斤左右,合作社按每公斤72元回收,每只鸡可卖到100多元。在养殖过程中,合作社对帮扶家庭进行"点对点"服务,免费提供养殖技术指导和疫苗注射,解决了贫困养殖户的后顾之忧。

合作社官方网站

合作社主要产品有五黑鸡、鸡蛋、生猪、猪肉、南丰蜜橘、麻姑仙山生态米、麻姑米粉等。主要销售方式有:订单销售、批发、设立直销店、对接电商平台。

三、发展经验

要保持五黑鸡"食药合一"的优良品质,必须做好提纯复壮、良种繁育工作。

生态养殖五黑鸡养殖成本比普通鸡要高,以稍高于普通肉鸡的价格销售五黑鸡,采用传统销售和网络营销结合进行销售。

发展生态农业,实行立体的生态种养模式,建立旅游、休闲度假、务农体验等为一体的生态观光园,是合作社发展的方向。

四、远景规划

2015年,南城县加快推进麻姑山风景名胜区建设,投资8亿元改善旅游基础设施,提高旅游服务能力,提升旅游产品品质,提升改造麻姑山景区,致力于将麻姑山打造为"山水南城、养生福地"。合作社搭乘麻姑山风景名胜区建设的东风,未来五年将走三产融合发展的精品生态农业之路,把合作社即江西麻姑仙山文化旅游有限公司建设成为集麻姑米、麻姑仙(寿)桃、麻姑米粉、水产养殖、浔农五黑鸡、养生度假、休闲观光、务农体验为一体的综合精品生态农业园,三产融合的"试验区"、"样板区"。

靖安县古楠生态种养专业合作社

——抱团发展共同致富

靖安县古楠生态种养专业合作社成立于2012年3月,由返乡创业党员舒敏璋带领全村村民创办,主要从事生态养殖和绿色有机种植农业,积极打造绿色有机品牌,经营品种包括蔬菜、水稻、杨梅、白茶种植,家畜、家禽、家鱼养殖等。现有社员101户,分布于靖安县高湖镇高湖村亘田、排头、上街、罗家四个自然村,带动了周边农户1600余户发展农业产业化。

一、合作社发展历程

靖安县高湖镇高湖村古楠村位于三爪仑风景区-金罗湾景区内,因村内保留大批珍贵古楠木而得名。古楠村从2009年开始发展以农家乐为主的乡村旅游,良好的基础设施、周到的服务、带有浓郁山乡味的农家饭菜,让远近游客纷至沓来。2011年,古楠村被评为"江西省AAAA级乡村旅游星级示范点"。

2012年,高湖镇积极响应靖安县发展"农宿文化"的倡议,引导本土"能人"舒敏璋依托新农村建设固有成果,充分整合集体资源,将原有的农家乐乡村旅游进行升级改造,融入更多的地方文化元素,倾力打造出全县首个"农宿文化"旅游示范点。该示范点以全体村民合股的方式成立了靖安县古楠生态种养专业合作社,将全村3700亩山林及375亩耕地划归合作社统一经营。其中,舒敏璋出资55万元算作1股,其他51户村民每家出1万元各算1股。

合作社现拥有养殖基地4个,种植基地6个。2014年,"古楠牌"大米通过国家绿色食品认证,远销上海、北京、广东、深圳、南昌等大城市。2016年8月,该专业合作社的水稻(14400亩)和杨梅(400亩)通过了国家有机食品转换认证。截至目前,该专业合作社拥有绿色农产品2个,有机农产品3个。

二、经营模式及产品销售渠道

1. 采用"合作社+公司+农户"模式。

舒敏璋在全村成立了靖安县古楠生态种养专业合作社和靖安县圣康生态养殖有限公司,将原来村民手中的山林、田地集中起来,统一管理、统一经营、统一销售,由分散经营变为集体抱团发展,进行适度规模开发经营,以发挥规模效应,使之达到效益、利润最大化。

2. 采用现代生态农业发展模式。

合作社采取在山上养鸡种果,山下养猪放鱼,稻田养鸭的种养方式经营,种植的有机水稻不打农药不用化肥,肥料来自田里的红花草,灭虫靠鸭子和太阳能灯。通过农、林、牧结合,粮、渔结合,种、养结合,建立良性物质循环体系,鸡粪作肥、猪粪喂鱼等有机废物得到多级综合利用,实现了经济、社会、生态效益的统一。

3. 发展观光旅游。

合作社建立了杨梅园、皇菊园、果蔬园,游客进到村里,可吃农家菜、可垂钓采摘、可现场体验制作农家特产。

4. 成立电商平台。

合作社一方面通过在靖安县城设立实体店销售农产品,另一方面与靖安县邮政局建立了合作,通过邮政进行物流配送。目前,合作社生产的绿色大米销往南昌、上海、广州、深圳等地,在淘宝开设了网上专卖店,并与靖安县供销合作社联合成立了江西省首家农民专业合作社农产品电子商务直销平台——"古楠商贸",开展农副产品"网上交易、网下配送"服务。古楠商贸"设有农副产品展示销售中心、电子商务办公区和客户休息区,主要经营各种绿色大米、油类、白茶、皇菊、散养家禽、蛋类、特种养殖品种孔雀、竹鼠等以及山野干货、农家手工制作的茶点、甜点等靖安特色点心农副土特产品,共计20个大类、上百个品种,同时兼营全国各地名品。

三、发展经验

1. 创新农业经营主体。

一个合作社承载着村民共同富裕的梦想,由分散经营变为抱团发展,消除了农产品质量不安全因素,提高了产品竞争力,实现了机械化作业,增加了村民的人均收入。

2. 创新村民自治管理办法。

一套自治法规焕发了村务民主管理的新生机。在古楠村,大家的事大家议,大家制定的(村规民约)大家来执行,并将其写入合作社(章程),股东分红按每户(村规民约)得分比例发放。

古楠商贸开业庆典

3. 创新农产品生产模式。

一套实时监控系统,让消费者更加放心。合作社大胆创新,投入资金20万元,建成一套食品质量远程监控体系,所有的养殖、种植基地都安装摄像头,消费者可以通过古楠村网站(WWW.JXGNC.CN)24小时随时点击,观看所有的农产品

合作社生产的古楠大米

生产全过程,农作物是否使用了农药、除草剂等,消费者能够看得一清二楚,实现了透明化生产。合作社为靖安打造农产品质量安全岛做出了榜样。

4. 创新农产品销售模式。

古楠村实行了O2O模式线上线下同步销售农产品,把电商与美丽乡村、休闲农业有机结合起来,做大做强生态农业,提升古楠品牌知名度和产品的美誉度。总之,合作社的长远健康发展既需要加强自身内涵建设,也离不开一个良好的外部环境。

四、发展瓶颈及远景规划

目前,在经营管理创新和技术创新上缺乏人才支撑,有关专业合作社的融资优惠政策和财政资金补贴政策较少成为制约合作社发展的两大因素。

未来,舒敏璋将带领合作社用好古楠村的"江西省人居环境范例村"、"江西省乡村旅游示范点"和"江西省省级生态村"三张名片,通过大力引进技术能手和经营管理人才,将古楠村打造成一流品牌村庄、建成靖安县农宿文化旅游精品示范村,从而实现"同一个村庄、同一个产业、同一个梦想、同一个家园"的理想和目标。

奉新县隆斌农业机械农民专业合作社

——稳中求进谋发展

奉新县隆斌农业机械农民专业合作社，又称奉新县岗上水稻种植农民专业合作社，于2015年4月23日在宜春工商局登记注册挂牌成立，注册资金200万元。合作社位于享有"亚洲锂都"、"月亮文化之城"美誉的江西省宜春市，地址设在奉新县干垦乡上堡村黄冈组，主要经营农业机械服务、农产品加工销售业务，及为本社成员提供相关技术、信息咨询服务。

一、合作社发展历程

2010年，合作社从60亩小规模种植水稻及配套农机具1台起步，到2011年种植112亩连片水稻及配套农机具2台；2012年种植水稻200亩、拥有各类农机具6台，成为全国农技推广农业科技示范户（编号：3609210048）；2013年，水稻种植面积达510亩，各类农机具8台，成立奉新县岗上水稻种植农民专业合作社。

2014年，合作社建起了1000多平方米的晒谷场，自建钢架粮食仓库800多平方米，购置粮食烘干机一台（15吨），各类农机具16台，被评为"全省种粮大户"。合作社种植水稻1470亩，涉及3个村，8个村民小组，为农户每亩直接增加400多元收入，并享受了种粮大户晒谷场建设项目补贴。

2015年，合作社水稻种植面积达1780亩，组建奉新县隆斌农业机械农民专业合作社，并成功申报宜春市市级示范合作社，自建钢结构厂房950平方米，农机具库房500平方米，购置粮食烘干机2台（30吨），享受种粮大户粮食烘干机政策补贴（15吨），拥有现代化育秧系统一套，基本实现水稻种植全程机械化和油菜种植全程机械化。同年，合作社负责人戴隆斌参加江西首届农机手大赛，荣获"全省十强机手"称号，并参加全国农机手大赛。

戴隆斌参加江西首届农机手大赛

二、经营模式及产品销售渠道

合作社采用"家庭农场＋合作社＋合作社自办加工业"相结合的经营模式,以农业生产为依托,发展壮大后自办加工企业来销售、加工家庭农场的农产品;以合作社为产业化经营的主导力量,对农业产业链各环节进行统一经营管理。合作社不仅能够分享出售初级农产品的收益,还能够直接分享纵向农业产业一体化后农产品加工增值的收益。目前,合作社已形成"杂交水稻＋常规有机水稻＋油菜种植＋有机大米加工＋销售"一体化的发展格局。

合作社除了沿用传统的农产品批发或零售市场销售渠道外,还采用农超对接及微营销对产品进行推广。

在"超市＋专业合作社＋农户"销售模式下,超市通过专业的农业合作社与农户发生联系,向符合要求的农业合作社进行采购,合作社再组织社员进行生产。

微营销的主要方式是营销主体通过网络互动平台进行其产品的信息发布、展示与推广、客户的互动交流与主题活动等,引导顾客主动参与,最终实现营销目标。微营销的主要形式为微博、微信、微电影等。

合作社运用如新浪微博、微信等自媒体,使用声音、图片、微视频、二维码等多种表现形式与顾客进行线上、线下互动,提高合作社及其绿色产品的知名度。

三、发展经验

1. 适度种植。

要坚持适度规模种植,在头两年保持产出与投入平衡的基础上再逐渐扩大种植面积,在稳健中求发展。

2. 加强沟通。

积极与政府部门进行沟通,及时反映行业和生产过程中存在的困难和问题,争取政策支持。同时,多走访经营多年的合作社、家庭农场,加强与新农人之间的沟通,相互学习、共同发展。

3. 注重学习。

通过各种渠道了解惠农、利农政策;向农技人员请教技术问题;积极参加新型职业农民培训等活动,随时关注行业行情动态。

四、发展瓶颈

1. 运营管理能力不足。

合作社社员虽然都是种田能手或农机操作高手,但由于文化素质较低,大部分人员缺乏系统的培训,对合作社的认识不够,致使合作社的运营管理能力不足,抵御风险能力不强。

由于农业经营周期长、收效慢,无有效的不动产担保和担保人担保,合作社很难享受到银行的惠农政策,农业贷款难以落实。而种粮需要先投入,备种、购机、柴油、化肥、农药等各环节投入大,加上农村土地承包经营权由于流通市场失灵,银行不是很认可,塑料大棚和仓库又被认定为流动资产而非固定资产,不能抵押贷款,致使银行现有金融产品不能很好满足合作社扩大种植规模、更新农机具、引进新品种、农作物深加工等资金需求。

2. 品牌打造不规范。

众所周知,农产品品牌化有助于增强市场竞争力,由于合作社品牌营销概念不成熟、手段单一、缺乏科学系统的品牌营销规划,为提高合作社农产品品牌的市场认知度带来了不小的难度。

五、远景规划

1. 积极拥抱电商。

在"互联网+"大背景下,合作社将与时俱进,积极拥抱电商,借助电商平台以及微信、微博等新媒体平台对接客户,开展用户管理、农产品展示、农产品销售和在线支付等业务。

2. 成立大米加工厂,粮食烘干中心。

借助农机购置补贴政策、农机化创新示范工程等机遇,大力发展粮食烘干机械,既保障粮食质量,又能提高农场收入,并能有效解决马路晒谷问题。

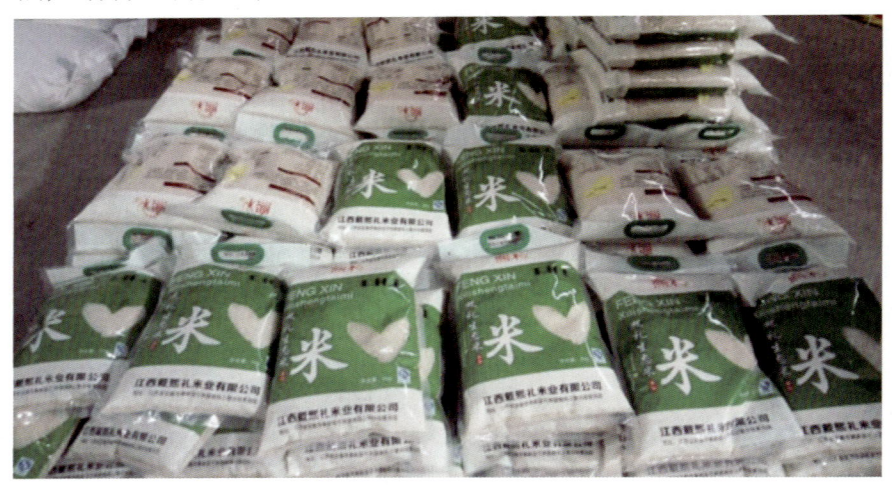

合作社生产的大米

3. 大力发展绿色有机农业。

发展有机水稻种植,打造有机水稻种植基地。在水稻种植上精准定位,建立种植管理档案,通过绿色有机种植跟踪小组的技术指导,积极推广测土配方施肥、秸秆还田、生物技术防病虫害等技术措施,严格按照有机农产品操作规程生产,为合作社绿色产业体系的长远规划和发展奠定坚实基础。

芦溪县火旺火龙果种植专业合作社

——产业融合火旺正旺

芦溪县宣风镇竹垣村火旺火龙果种植专业合作社成立于2013年12月，位于宣风镇竹垣村320国道边，注册资金300万元，主要以种植火龙果为主。种植基地产品已申请了有机认证，实行开放式采摘模式，基地餐厅可同时接待300人用餐。游客不仅可采摘新鲜无公害的红心火龙果，还可以在基地餐厅品尝当地特色菜肴以及自制美食，如火龙果花汤、火龙果煎蛋、火龙果汁、火龙果酒等。基地2015年接待游客达15万人次，营业额达200万元，带动周边农户100余人就业，受到了游客的一致好评。

一、合作社发展历程

合作社通过产业考察和市场调研，确认了红心火龙果是新、特、优、高农业项目，具备蔬菜、水果、花卉的生理特点，产品营养价值高、产量不俗（亩产可达1250公斤～1500公斤）、食用口感特佳、上市期长、生态效益好。

2013年初，合作社理事长易家良从广州引进台湾黑珍珠水晶果（一种红心火龙果，其味比一般红心火龙果更加清甜，天然水嫩，有一股明显的花香）种植技术和种苗，产品引进前期试种面积5亩，年挂果7次，亩产达1250公斤以上，每公斤销售价30元，产品供不应求，每亩利润在1万元以上。

2013年12月，易家良、易圣萍、易斌、易家田、易家连、易增寿六人共同注册了火龙果种植专业合作社，合作社法人代表为易家良。

2014年，合作社通过土地流转的方式兴建了芦溪县宣风镇竹垣村火旺火龙果基地，投资1200万元，种植红心火龙果330余亩，种植樱桃、桑葚、枇杷、有机蔬菜等100多亩；2015年新增投资700万元再扩种火龙果100亩，将基地建成集餐饮、休闲、观赏、采摘于一体的生态观赏园。该基地先后荣获"江西省4A级乡村旅游景点"、"萍乡市十佳乡村旅游景点"等荣誉称号。

江西农业工程职业学院客人考察合作社火龙果基地

二、经营模式及产品销售渠道

1. 体验采摘乐趣，打造观光农业。

合作社充分利用火龙果果实鲜艳、采收期长等特点，将火龙果产业与旅游观光、采摘体验等结合起来，完善了旅游基础设施和配套设施，打造农产品展示区和"火龙果文化长廊"等观光旅游带。

2015年，合作社建设了占地1500平方米的具有休闲、接待、观光、产品展示等功能的旅游接待中心，1200平方米的停车场，100米长的休闲长廊和140米长的文化长廊，并对基地周边进行了绿化、亮化，不断提升基地的接待能力和知名度。

2. 展示民俗特色，打造休闲旅游。

2015年8月至11月，合作社成功举办了江西省芦溪县乡村旅游年暨首届火龙果节，通过民俗文艺节目表演、地方特色产品展示展销、大型相亲交友会、"小龙女"微信摄影评选大赛等多种活动，吸引了大量当地及外地游客前来消费体验。

农产品主要销售渠道有三：一是游客观光采摘；二是水果批发商收购；三是基地现场销售。

基地成熟的火龙果

三、发展经验

1. 掌握火龙果高产种植技术,包括育苗、移栽和田间管理。
2. 有协作、分工明确的团队。

合作社制定了各种管理规章制度,有助于基地规范化运营。管理团队的分工十分明确,有总负责人、技术管理负责人、生产管理负责人、市场营销负责人。同时,合作社管理团队都是芦溪县宣风镇竹垣村的村民,而且还是亲戚关系,相互之间的关系非常融洽,是一支相当团结的团队。

四、发展瓶颈及远景规划

目前,合作社发展面临的瓶颈一是土地流转成本在上升,资金缺口较大,规模难以扩大,二是产品销售方式较单一,对火龙果后续加工提炼不够。

合作社将坚持推行"合作社+基地+农户"模式,按照"品牌化、规模化、产业化"发展思路,依托国家农业综合开发项目——现代农业园区建设、国家级现代农业示范区建设、美丽乡村建设、竹垣村农民街新农村建设等项目建设,加大政策和资金争取力度,打造中国芦溪现代农业园区火龙果基地及竹垣－吐霞－栗湾现代农业休闲示范带,发展集采摘、加工、休闲、观光、旅游为一体的乡村旅游,实现产品增值、产业增效。

吉安县阅尘堂石斛种植专业合作社

——石斛种植大有作为

吉安县阅尘堂石斛种植专业合作社,又称江西阅尘堂石斛生态园(吉安县石斛第一户),位于吉安县横江镇良枧村,2015年1月成立,注册资本500万元,为大学生创业项目,以石斛种植、加工、销售、技术指导等为主。

一、合作社发展历程

2011年,年底租地23亩;2012年试种铁皮石斛230平方米;2013年搭建大棚;2014年搭建种植大棚41个,之后继续增加种植大棚的数量;2015年,成立广州多养生健康咨询有限公司。同年,合作社组建石斛育苗室,被江西省农业厅新型职业农民培育工作领导小组认定为江西省2015年十个省级现代青年农场主创业孵化基地之一。

铁皮石斛

二、经营模式与产品销售渠道

作为吉安县石斛第一户,产品具有天然优势,其经营模式定位为"农业特种种养模式"。目前,合作社主要从事石斛育苗、组培、种植、加工和销售。石斛花姿优雅,花色鲜艳,气味芳香,被喻为"四大观赏洋花"之一。石斛为药用植物,性味甘淡微咸,益胃生津,滋阴清热,用于阴伤津亏、口干烦渴、食少干呕、病后虚热、目暗不明等症状。

合作社具有突破季节、地域、规模限制的优势,但存在风险高、技术要求高、成本高的缺点。一般的合作社经营模式可以是纯种植和农产品的深加工,鉴于石斛具有观赏的特质及生态园的发展规模,且生态园地处吉安县横江镇。该镇是吉安县四大古镇之一,为历史悠久的农村集镇,交通便利,自然资源丰厚,生态环境好,适合开发生态农庄旅游。生态园后期将拓展观光农业、农家乐等项目。

铁皮石斛

石斛的消费市场主要集中在东南沿海经济较为发达的地区,要打开销路,就要在适合的位置建立长期的固定销售点。2015年,合作社创建了广州多养生健康咨询有限公司,致力于健康养生事业,引领健康时尚消费潮流,为用户提供优质和标准化服务。生态园专心搞好石斛的生产,咨询公司专职从事石斛的推广和销售,对市场信息进行有效分析、预测,起到联系生态园和消费者间的纽带作用,使得产业化经营成为可能。

随着互联网的普及,采用微店、淘宝等网络销售渠道势在必行。合作社于2015年入驻吉安县电商产业园,开展网络营销,通过搭建专属平台和借助天猫旗舰店进行线上产品销售。

三、发展经验

1. 聘请专业人员进行指导。

对于自己能力范围之内,有把握的事情自己来完成;对于自己没有把握的事,请专业人员进行指导,提高处理能力,尽量避免错误决定。

2. 踏实肯干、善学善思。

只有踏踏实实、勤勤恳恳做农业,并在发展过程中善于学习和思考,才有可能成功。"不要滑头、不搞噱头"认认真真做产品,时刻关注惠农、利农政

策,及时了解和掌握市场需求和市场动向,大胆创新、主动进取才能赢得长远发展。

3.持之以恒更重要。

合作社经营是一项长期的艰苦事业,必须要有打持久战的心理准备,要坚信每天一小步,必有新高度。

四、发展瓶颈及远景规划

目前,合作社存在两大发展瓶颈。

一是资金紧缺。因为石斛不能够栽培在土壤里,必须栽培在树皮、木块、锯末等做的栽培床或者是石头上,多数需要盖温棚等,投资较大,仅仅依靠自有资金投入是远远不够的。目前,阅尘堂资金欠缺,集中体现在组培、农家乐等启动资金及后续跟进方面。向银行申请贷款时,合作社往往因为静态资信评分较低,属于银行次优客户,较难获取贷款。

二是人才缺乏。石斛对生长环境要求苛刻,对温暖、湿润的气候条件要求十分严格,对技术人员有较高的要求。合作社成员素质普遍不高、技术人员培训欠缺等会直接导致石斛的种植情况不能达到预期目标,影响产品品质及后续发展。

合作社将努力把握农业政策红利,一方面计划在三年内将组培室方面的产量相比目前翻番,将成熟的石斛种植技术进行推广,通过示范引领,带动周边农户共同致富。另一方面不断完善销售渠道和经营范畴,进一步推行"一品一码"质量全程追溯体系建设,打造生态园品牌和产品品牌,适时推出农业观光和农家乐服务,提高生态园品牌影响力和市场竞争力。

鹰潭市球太食用菌种植农民专业合作社

——瞄准食用菌发展前景

鹰潭市球太食用菌种植农民专业合作社成立于2012年，位于鹰潭市月湖区童家镇谢家，社员80户，主要从事食用菌的种植、加工、销售，理事长谢球太。合作社现有种植基地5个，面积达710亩，年产新鲜香菇60多吨、干木耳40多吨，产值超过500万元。鹰潭市场上的香菇、木耳约80%来自谢球太的种植基地。

一、合作社发展历程

理事长谢球太出生于月湖区童家镇一个普通的农民家庭。1995年，谢球太读高中时，因家中条件不好，辍学跟着父亲承包鱼塘和果园。2005年，他购买了联合收割机为周边村民服务。2010年，在鹰潭市步行街开了一家冷饮店，并经营烧烤。由于服务周到，生意做得红红火火，年纯收入有10多万元。一次偶然的机会，谢球太听到来店里消费的顾客谈论种植香菇、木耳的话题，给了他新的启发。

谢球太在食用菌种植基地

鹰潭的气候环境合适种香菇，木材加工厂多，废弃的木屑可以作为香菇的培养基质。他想，虽然现在冷饮店生意也不错，但毕竟只是小本生意，比较之下，回乡搞食用菌种植更有发展前景。心动不如行动，谢球太开始到处打听相关信息、上网查找相关资料，到浙江、山东等地实地考察了解食用菌的进货渠道、培植方法、管理方式。经过调查他发现,在江浙农村,种植食用菌十分普遍,都是大规模种植,销路很好。随着人们生活水平的提高,人都讲究养生保健,食用菌有很高的营养价值,市场前景广阔,是个值得投入的创业项目,这就更加坚定了谢球太种植食用菌的决心。

  2010年12月,谢球太到外省去采购香菇菌种,利用当地的木屑资源开始了香菇的简易种植。2011年5月份,在政府有关部门的帮扶下,谢球太投入130万元,建厂房、购设备,并以年薪10万元聘请技术人员进行指导,栽种了10万袋香菇菌种,两个月后,木屑上长出了匀称的"香菇朵"。由于生长条件适宜、技术管理到位,香菇在福建、浙江和本地市场大受欢迎,年利润达30多万元。2012年,谢球太组织周边农户成立了食用菌种植合作社,为合作社社员提供菌种和种植技术,又投入180万元建立了100多亩的生产基地,年产干香菇10多吨,干木耳20多吨,产值300余万元。

江西农业工程职业学院老师指导谢球太食用菌种植

  随着合作社不断发展,食用菌种植面积也不断扩大。2013年,在原100亩种植基地的基础上,谢球太又在附近俞家村建设了一个180亩的木耳种植基地,由于当年天气干燥,亏损约200万元。2014年,鹰潭市月湖区农业局将食用菌种植项目列为菜篮子工程项目,给予专项资金补助,支持合作社发展。当年种植的香菇、平菇、木耳获得丰收,扭亏为赢。2015年,通过政府担保贷款和亲戚朋友借款等方式,合作社进一步扩大种植规模,在邻县贵溪天禄镇租地 300 亩,建设了 280 个大棚进行香菇和木耳种植。2016 年,谢球太进一步增加投入扩大生产规模,投入 200 万元在鹰潭市龙虎山景区附近建立了一个 60 亩的食用菌种植基地;同时在抚州市金溪县通过股份制方式建立了一个 70 亩的食用菌种植基地。

二、经营模式及产品销售渠道

合作社实行"种植+农产品初加工+销售"的经营模式,在管理上实行"公司+基地+农户"的管理模式。合作社设立示范基地,在当地购买木屑,从山东购买麦皮,自己进行食用菌的良种选优,通过基地的生产示范、技术培训、提高合作社社员的种植技术。基地为合作社的农户提供菌种,以高于当地价格 0.5 元左右的价格统一回收农户种植的产品,统一进行销售。

合作社食用菌主要采用批发销售,少量零售,以销售新鲜香菇、木耳、平菇为主,部分香菇、木耳进行粗加工,烘干销售。产品主要销往本地以及四川、浙江、上海、北京等。

三、发展经验

1. 相信自己,看准了的事说干就干。

在分析了食用菌这一行业的现状,并经过大量的调研后看准这一行业,谢球太毅然决定改行。

2. 食用菌种植,掌握种植技术是关键。

食用菌种植看起来简单,其实技术含量高,为了解决食用菌的种植技术难题,2011 年,他从安徽高薪聘请技术人员进行指导,自己一边做一边学,逐步掌握种植技术。

3. 合作社发展离不开当地政府的支持。

农业生产受气候因素影响较大,2013 年因天气原因企业亏损严重,2014 年鹰潭市月湖区农业局将食用菌种植项目列为菜篮子工程项目,给予专项资金补助,支持合作社发展,使合作社渡过难关。

四、远景规划

2016 年,鹰潭市球太食用菌专业合作社获得江西省省级示范社和十大农

村科普示范基地,谢球太本人则获得鹰潭市十大科普惠民兴农带头人和养殖大户称号。

合作社招牌

目前,合作社已注册了"冬香"牌商标。今后几年,合作社一是将进一步扩大种植规模,开发销售市场,打造属于自己的品牌、做好食用菌深加工,提高食用菌的附加值;二是投身到精准扶贫事业中,带动周边更多的贫困农户发展食用菌种植产业,使贫困农户脱贫致富,把鹰潭的食用菌推向全国。

鹰潭市先锋水稻合作社

——注重科技提供服务

鹰潭市先锋水稻专业合作社位于鹰潭市余江县杨溪乡江背何家,与当地市、县农业管理、技术服务部门及多家企业建立了长期合作关系,拥有一支较强的技术研发队伍并和国内大专院校强强联手。目前,合作社经济效益和社会效益实现了双增收,前景发展态势良好。

一、合作社发展历程

合作社发起人刘志发早年在新疆伊犁地区经营服装批发生意,经过多年打拼积累了一定资金和条件。90年代,他利用春节返乡的机会,发现余江县潢溪镇存在着荒地多、免租金,只要租赁且户户承担国家农业税就可获得农田使用权等有利条件,为此,2001年他组织本村农户成立了鹰潭市先锋水稻合作社,开始带领当地农户走上水稻种植的路。

社员从2001年刚成立时的5户发展到现在的3000多户;种植

合作社招牌

面积从200多亩扩大到现在的6000多亩,从以常规稻为主栽品种的单一种植生产模式到兼及提供农机服务的"生产+服务"综合经营模式,从单一的合作社到联合社,先锋水稻合作社规模越办越大。目前,合作社社员家庭人均收入达

14000 余元，比当地未入社农民多约 3000 元，高出余江县农民人均纯收入 30% 以上。

二、经营模式与产品销售渠道

"种植生产+农机服务"是合作社经营模式的一大特色。合作社水稻种植采用现代科学栽植管理技术，聘请市、县农业部门技术专家作为技术顾问，将新型农业技术投放在租赁承包田搞试验示范推广。农技专家到承包田指导社员进行"抛秧""直播""旱直播""统防统治""测土配方施肥"等工作，并配套使用"良种、良法"，实现了种植生产全过程机械化，充分展示了农业科技示范的神奇魔力。

刘志发在种植基地

此外，合作社还为其他农户提供社会化服务，获得了一定收益。特别是 2015 年晚稻收割时，当地遇到连续阴雨天气，合作社筹款购买了一批烘干机，在满足自身急需的同时也帮助其他合作社农户烘干水稻。

合作社主要农产品为水稻，主要采用统一销售和订单直销方式。合作社通过种子专供、产品回收方式，由全体社员共同和水稻公司签订供销合同，确保社员的生产效益和权益。除订单直销外，其他产品采用统一销售，如把水稻统销到广西南宁或四川成都，不经过中间商，直接从产地到

水稻生产基地是用无人机管理

销售地,确保产品价格,有效提升了合作社和社员的经济收入。

三、发展经验

1. 社员数量应与种植规模相匹配。

虽然合作社生产采用机械化操作,但应该合理安排种植规模,保证社员数量和种植规模相匹配,种植面积不能太大。根据经验,种植户运用机械化种植水稻,面积一般应控制在713亩比较合适,投入和产出效益才能获致最佳。

2. 不断拓宽销售渠道。

2012年~2015年,合作社的水稻销售主要是采用订单直销,总体压力较大。为确保产品畅销,合作社将进一步扩大销售渠道,通过申请争取获得国家储备粮指标,成为国家粮库供应成员。

四、发展瓶颈及远景规划

目前合作社存在两大发展瓶颈。

一是土地流转问题。随着合作社的不断发展,对土地的需求也越来越大,但大多数农户对土地的租金要求越来越高。

二是资金问题。合作社全部采用机械化操作,加上2015年又购买了一批烘干机,导致资金缺口较大。虽然靠着优惠政策可以获得一些贷款,但是总体上解决不了资金缺乏的难题。

合作社的农产品主要是水稻,主打品种是黄花粘,虽然品质很好,但还没有注册自己的商标和品牌,导致市场售价总体要比有商标和品牌的同类产品低,下一步拟注册"胜农"牌品牌并申请无公害农产品认证。

刘志发参加2015年江西省劳模表彰

樟树市福顺葡萄种植专业合作社

——打造生态园

樟树市福顺葡萄种植专业合作社又称樟树福顺生态农业园,位于樟树市大桥街道东村居委,105国道旁,创建于2013年10月,创办人过丙辉。

一、合作社发展历程

2002年,过丙辉离开江西省高速集团回乡离岗创业。创业之初主要经营当时流行于樟树的"农家乐"餐饮服务,后来计划扩大规模,拟建集休闲、观光、餐饮于一体的家庭农庄,但由于找不到合适位置,计划一直搁浅。

2012年5月,在樟树市大桥街道办帮助下,过丙辉从当地农户手中以租金每亩800元的价格、租期15

过丙辉在福顺农业生态园

年,流转了128亩土地。经过多年发展,截至2015年,葡萄园、无花果园、草莓园、荷花园、蔬菜园等5个特色种植园已初具规模,每个园区占地20余亩。

二、经营模式与产品销售渠道

合作社经营模式主要以特色种植为主,集餐饮、采摘、观赏于一体。精心打造的生态农业园由5个特色种植园组成,园内还种有梨树、桃树、百香果、沙田柚、金橘等十多种果树。

农业园种植的15亩葡萄和20亩莲子主要是以游客进园采摘和就地购买

为主;草莓和蔬菜的销售则主要是销往当地水果和蔬菜批发市场。无花果目前尚未落果。

合作社丰收的葡萄

三、发展经验

从国企辞职到下海创业,过炳辉的创业经历也是历尽艰辛,他总结的几点经验也颇具典型性。

1. 现代种植业要有自己的特色。

经营现代种植业不能走传统种植的路子,在种植品种的选择上要突出"新、奇、特",即新颖、奇异、特色。

2. 由传统农业向生态农业转型。

传统农业容易造成土壤、水体和农产品污染,而生态农业的理念是不使用转基因技术,不使用除虫剂、除草剂、植物生长调节剂等,而是使用有益天敌或机械除草方法以及生物肥、有机肥和长效肥,因此农产品生产真正做到了纯天然、环保、无污染,符合消费者需求。

3. 谨防上当受骗。

由于是半路出家搞种植,创业者对种苗品质的好坏缺乏判断,因此买种苗时容易上当受骗。

四、发展瓶颈与远景规划

目前,合作社还存在几个发展瓶颈:

一是农民惜地意识较强,导致土地流转周期短,租金较高,难以获得相对稳定和集中连片的土地。同时,不少农民缺乏相关的法律意识,土地流转没有正式协议或合同,稳定性不足,严重影响了农庄的投资及规模的扩大。

二是存在技术难题。在种植方面,各种特色种植需要不同的技术支持,需要相关专家做技术指导以及对技术员进行培训,对于规模较小且尚处于发展初期的农庄而言,难度较大。

三是劳动力较缺乏。平时用工多为周边农民,没有固定的劳动力,由于受制于发展规模,每天只有十多个工作人员。

四是资金较为短缺。由于家庭农场没有可供抵押的资产,很难从银行获得用于扩大规模的贷款。目前,农庄资金来源主要是家庭自筹,望政府部门能够为家庭农场开设融资绿色通道,进行担保融资和财政贴息贷款,扩大农业保险服务品种和试点。

福顺生态园目前占地面积约130亩左右,计划到2020年达到1000余亩,葡萄、无花果、草莓种植面积均到达200余亩,荷花300余亩,并种植100多亩绿色蔬菜;建设日均接待量1000人次的农家乐餐厅,将生态园打造成辐射丰、樟、高(丰城、樟树、高安)周边县市的特色观光旅游点。此外,农业园还将计划发展农事体验(如开心农场),成立中小学科普教育基地。

为实现上述计划建设项目,共需四年时间,分三期完成。

第一期:2016~2018年,完成生产基础设施建设和种植温室、育苗温室、生产大棚建设和生产。

第二期:2018~2019年,完成农家乐餐厅等主体建筑的建设、沟渠的整治和特色种植园生产基地建设。

第三期:2019~2020年,完善附属配套设施的建设。

新干县福禄泉蔬菜专业合作社

——造芦笋生产基地

新干县福禄泉蔬菜专业合作社地处新干县潭丘乡潭丘村，前身为新干县富民果蔬专业合作社，由退伍军人聂永平一手创办。目前，合作社已建成新干县规模最大、建设标准最高的芦笋标准园，芦笋基地已被列为全省首个芦笋新品种、新技术示范基地。

一、合作社发展历程

2007年，聂永平退伍复员回乡后发现，由于本村外出务工青壮年劳动力较多，土地闲置现象不断增加。为此，他从本村农户手中转租了几十亩水田用于西瓜种植。但因西瓜种植产品单一且在当地同质化现象比较严重，致使西瓜滞销，连续两年亏本。

2010年，聂永平在新干县政府低息贷款政策帮助下，将原有土地改种韭菜，

聂永平在芦笋种植基地

并组建了新干县富民果蔬专业合作社。

2015年，合作社将其中300亩土地改种芦笋，并将合作社改名为新干县福禄泉蔬菜专业合作社。合作社从省农科院蔬菜研究所引进芦笋种植技术，全部配套滴喷灌设施，全力打造成高端芦笋栽培示范园。

目前，已建成新干县规模最大、建设标准最高的芦笋标准园，种植规模达到320亩。所产芦笋产量高、外观品质好，销往吉安、南昌、广东等地各大超市

和批发市场,平均单价可达每千克20元,亩产750千克以上,亩产值1.5万元以上,成为新干县现代高效蔬菜标准园的样板。

二、经营模式及产品销售渠道

现阶段,合作社采取"合作社+基地+超市"的发展模式,发展蔬菜种植,利用大棚种植韭菜和芦笋。

合作社除种植芦笋外,还种植了韭菜,一年收割5~6茬,年产量约4000千克。韭菜以生销为主,销往深圳等地农产品批发市场,少量销售给周边乡镇的学校和工厂。

三、发展经验

1. 防灾是前提,安全是根本。

农产品种植要将农产品的安全放在第一位,生产绿色无公害农产品。韭菜和芦笋种植的第一年要注意防范灾害天气和病虫害的发生,防灾是保证韭菜和芦笋产量和品质的前提。

2. 特色和品牌是生命,销售渠道是关键。

在选择种植品种前要做好市场调查,同时要预先铺设好销售渠道,不打无准备之仗;农产品种植要突出特色,打造品牌。

3. 劳动力是基础,资金是保障。

基地一隅

发展现代农业,要积极争取政府项目资金。劳动力尽量使用周边村庄的农民,随叫随到、方便快捷,既可以降低劳动用工成本,又可以解决周边村庄农民的就业问题。

四、发展瓶颈及远景规划

目前合作社存在的瓶颈有二。

一是管理分散,冷链短板影响后期销售。无论是土地还是生产都比较分散,不利于集中管理;芦笋的网上生销虽然已经建好了冷库,但在运输过程中难以保证质量,从而会影响到产品品质,不利于产品后期的销售。

二是缺乏品牌建设,深加工技术待突破。目前,芦笋尚未注册自己的品牌,产品很难上档次,定价较低,影响了产品利润的提升。芦笋被誉为"蔬菜之王",有防癌抗癌之功效,但提取皂苷单体对技术要求较高,需要专业人员和仪器才能完成。深加工技术有待进一步突破。

基地生产的芦笋

在未来3~5年内,合作社拟着力建设墰坵乡芦笋基地,将目前所有韭菜改种芦笋。芦笋种植面积5年内扩大到400亩,计划投资1000万元,分三期建设完成。

第一期建设从2014年11月开始,目前已建成一栋占地面积200平方米的冷库和50亩的钢架大棚,2015年3月栽植完毕,现已陆续在出笋。

第二期种植150亩,2015年12月移栽芦笋完成后,面积达200亩。

第三期建设面积200亩,芦笋移栽后第一年就可以出笋,3年左右达到高产(每亩可达1800千克左右),目前市场价每千克在24元左右,每亩产值可达4.5万元。

高安市春满园果蔬专业合作社

——硕果累累

高安市春满园果蔬专业合作社位于江西省高安市蓝坊镇,主打产品是鲜食玉米、饮用菊花、优质稻米、早熟柑橘,种植基地主要分布在长乐村、汉塘村、魏家村、鞠坊村等几大行政村。合作社目前已经注册"锦水滩""锦水湾"两个商标,通过了甜玉米和菊花茶两个无公害农产品认证。

一、合作社发展历程

合作社成立于2011年,由数名种植大户组建而成。当时农业经营主体雏形已现,很多有知识的新农民开始流转土地,加上政府积极引导,合作社应运而生。合作社种植面积由成立之初的700余亩发展到现在近2000亩,每年产出鲜食玉米1300余吨、优质稻800余吨、菊花茶20余吨,以及各种时令果蔬,产值年均600万元以上。合作社先后被评为宜春市优秀农业经营主体、宜春市示范社、江西省省级示范社。

合作社创立之初,取名"春满园",意寓春色满园,秋果硕硕,旨在全程科学管控,对接市场,服务社员,辐射乡邻,为消费者提供安全

合作社种植的菊花

优质的农产品。合作社创建了以汉塘村为中心的订单出口甜玉米种植基地;以魏家村为中心的优质稻种植基地;以长乐村鞠坊村为中心的菊花种植基地;以乔乐为中心的早柑种植基地,形成了生态种养,订单种植,农超校企对接,设点销售一条龙的服务体系。合作社狠抓农产品质量,严格实施无公害农产品

生产流程,实现五个统一(统一供种、统一供肥、统防统治、统一机耕机收、统一包装销售),确保农产品质量安全。

二、经营模式与产品销售渠道

合作社上游依托中绿集团、盛发粮油等大型企业,实行订单种植,为其提供优质货源;中游对接大型商超、校企、社区,并在昌设点批售;下游拓展时令果蔬采摘;入驻知名电商代销平台,在原有电商渠道上创建自己的品牌。

三、发展经验

1. 适度规模经营,农业机械化,集中采购农资。

产前产中产后一条龙,订单、对接、自建渠道三条腿做销售,自主营销降本增效。

2. 抓好产品质量,打造品牌。

食品安全是一个永恒的话题,产品质量安全是不可逾越的红线。严格的质量管控,商标注册"三品一标"(无公害农产品、绿色食品、有机食品和地理标志)认证,富硒保健等,都是农产品附加值的增分项。

3. 积极调整种植结构应对农产品价格周期。

以销定产、以质取胜,市场经济中供求关系决定产品价格,尤其是农产品种植跟风现象以及气候异常造成很多不确定因素,但总体消费趋势依然有章可循。

4. 休闲农业的春天来临。

随着生活水平的提高,人们更加追求亲近大自然、回归田园,带有浓郁历史人文及地域色彩的小众农产品大行其道,要积极抓住这一发展机遇。

合作社招牌

四、发展瓶颈及远景规划

目前,合作社存在几大发展瓶颈。

一是缺乏专业技术人才和科研单位的扶持。每一次新品种的引进及种植结构的调整都有一定的适应期,造成时间和资源的浪费。

二是没有专业的销售团队。例如,菊花以十多万元一吨的价格批量出售,利润极低。若做成小包装,由自己出售,利润空间更大。

三是没有形成品牌优势。虽然合作社团队快速申请并成功通过了无公害农产品认证,申请并成功注册了"锦水滩"、"锦水湾"商标,但是还没有申请到QS认证。再者,菊花原产地是桐乡坑,品牌效应自然难以达到原产地效应。

四是缺乏积极有效的引导。

未来,合作社一是在现有菊花茶的基础上,开发系列花茶;二是依托优质稻种植基地,加工系列优质大米上市;三是宏观规划基地园区,丰富栽培品种,打造集采摘、休闲、农家乐、科教为一体的基地群;四是组建一支专业的营销团队。同时

合作社大田

希望得到政府扶持,定期举办一些以家乡农产品为主题的文化节,扩大家乡农产品影响力,逐步形成自己的品牌。

高安市鑫农葡萄专业合作社

——以产品赢得市场

高安市鑫农葡萄专业合作社位于江西省高安市蓝坊镇柒溪村,成立于2010年,注册资本100万元,理事长潘国华。合作社以农村的闲置地及荒地为种植基地,主要从事葡萄种植、销售,葡萄种苗销售以及葡萄种植技术服务。目前,高安市鑫农葡萄专业合作社为高安市第一家葡萄专业合作社,被评为宜春市市级示范合作社。

一、合作社发展历程

合作社理事长潘国华早年在广东皮革厂打工。2008年,经皮革厂老板介绍,到上海交大葡萄科技种植示范园学习葡萄种植生产技术。2009年,潘国华受邀到高安市蓝坊镇漆溪村葡萄园做技术指导。接受指导的葡萄园建于2006年,由于葡萄口感不太好,连续三年亏损。潘国华成为技术指导后,根据自己在上海学到的技术,针对葡萄园的情况进行精心管理,生产出来的巨峰杂交无核甜葡萄,深受欢迎,葡萄园的状况有了转机。这次技术指导的经历为他以后的创业打下了基础。

2010年,原葡萄园主另有其他产业需要经营,有意把葡萄园转让给潘国华。考虑到农业政策好,且高安的葡萄销售市场还没有完全打开,潘国华决定接手。为此,他自筹资金20万元,完成对该葡萄园的产权交接,并注册成立高安市鑫农葡萄专业合作社。通过摸索,潘国华开发出适应南方多雨高湿气候特征的葡萄种植模式,当年便实现产量与效益的大丰收,赢得高安"葡萄技术王"的美名。

葡萄园内采取全钢架连棚结构种植,现有夏黑、巨峰、醉金香等多个品种,并引进欧亚、欧美优质新品种。通过多年探索,该社已有一套属于自己的葡萄种植模式。2015年,合作社筹集资金90万元,并通过创业扶持贷款获得资金

30万元,在原有30亩地的基础上,在高安市祥符观西、下龚再次流转60亩土地,用于扩大葡萄园规模。

葡萄园丰收

二、经营模式与产品销售渠道

合作社采取"葡萄种植+销售+观光农业"的经营模式,以惠农政策为依托、以科技种植为保障、以市场需求为导向,种植葡萄品种近20种,挂果最长可持续至10月底,供多层次消费者选择。此外,合作社从育苗、栽培、施肥、灌溉等整个过程都采用无公害标准进行避雨栽培和管理,农药使用量少,保障了葡萄质量安全,色泽好、口感甜,亩产值4万元以上。

合作社的葡萄主要有以下四种销售渠道:一是订单直销;二是观光采摘;三是通过农企对接,以单位福利形式集体采购;四是进超市或批发给商贩。

三、发展经验分享

1. 产品要好,人无我有,人有我优。

以产品质量为保障,以产品特色为创新,优于他人所无的优势,从而赢取市场。

2. 创业要有敢想敢做敢闯精神,不畏艰难。

创业过程要结合时代特点,充分利用国家政策,迎合市场需求。

3.现代农业的发展离不开技术上创新,离不开科学规范的管理,及时调整农业产业结构,推进种植的发展。

四、发展瓶颈及远景规划。

目前合作社存在三大发展瓶颈:

一是技术瓶颈。引进的葡萄新品种产品质量达不到标准,关键技术没有突破,缺乏专家进行有效指导。

二是管理瓶颈。合作社规模大了,没有配置科学规范的现代农业管理模式。

三是经营环境问题。合作社种植基地时有偷盗事件发生,防不胜防,很难管理。

下一步,合作社拟在观光采摘基础上增加垂钓、农家乐等项目,打造集休闲、娱乐和品鉴为一体的功能区。扩大宣传,打造响当当的自主品牌,增加产品附加值,并适时发展果业深加工,延长产业链、拓宽销售渠道,力争五年内打造成为省级示范社,并与国际接轨,用葡萄做成葡萄汁、葡萄酒,解决存储问题,研制新型葡萄酒,打开国际市场。

乐安县旺农肉牛养殖专业合作社

——发"牛"财

乐安县旺农肉牛养殖专业合作社坐落在江西省乐安县谷岗乡谷岗村阳坊组，主要开展肉牛、肉羊养殖，组织采购、供应市场所需原材料，2016年入选省级农民合作社示范社。

合作社养殖的牛

一、合作社发展情况

合作社是卢书生2008年回乡创业所办，他利用家乡成片的荒山野地，建起了牛场，开始进行肉牛养殖；2009年他将养羊纳入养殖范畴；2010年，卢书生将养殖场迁到城镇；2012年11月，通过县工商局注册成立安县旺农肉牛养殖专业合作社。经乐安县旺农肉牛养殖专业合作社全体员工表决，卢书生为法人代表,注册资金110万元,入股成员63人,农民成员为60人,占成员数95.2%。合作社下设理事会和监事会。

合作社定期组织社员开展技术培训,并技术交流和信息咨询服务。目前,合作社拥有养殖基地2000多亩,带动养殖户200多户,肉牛存栏量200多头,户均增收1200元以上。社员主要分布在谷岗乡谷岗村、水口村、登仙桥村、圭峰村。2014年,经营服务总收入达到135.64万元,利润总额24万元。

二、经营模式及产品销售渠道

合作社采取"合作社+农户"的经营模式,大力推行规模化养殖,加大高端产品的投入,提高肉牛养殖质量和产量。在管理上采取"四个统一"的方式:一是统一供应饲料;二是统一养殖和防疫技术指导和服务;三是统一销售;四是统一盈利分配。按照《合作社章程》规定,在合作社成员之间进行利润合理分配。

卢书生在肉牛养殖基地喂养

目前,合作社主要销售渠道是农产品批发或零售市场,主要销往高安市及福建省等周边养殖加工厂。2016年,合作社与乐安县支柱企业——乐安艾格福地生态农业有限公司达成框架协议,双方共同将生态肉牛销售推广到上海,避免厂家压价造成不必要的损失,从而降低销售成本,减少不确定性和销售风险,提高经济效益。

三、发展经验

1. 多与农业主管部门和农业院校联系,多参加专业培训,学习科学的养殖技术和管理方法,只有不断学习新技术,才能谋求长远发展。

2. 多与同行进行养殖技术上的沟通,分享彼此的经验,取长补短。

3. 创业发展过程遇到的问题很多,要学会及时正确处理问题,坚持初心,走下去。

四、发展瓶颈及远景规划

目前,合作社最大的瓶颈就是销路不广,没有市场话语权。由于交通不便,与屠宰场距离甚远,运输成本高,加上需要量不大,无法长期供应。许多上门买牛的客户压价太多,一头养了两年的牛只能卖3000~5000元。

其次是技术力量弱,抗风险力差,难以抵抗突如其来的天灾或者疾病。比如,冬天肉牛怕冻、易走失等问题一直没有解决。加上资金不足,无法扩大农场规模,也阻碍了合作社的发展。

合作社准备着力解决销路不广的问题。首先是与大企业合作,解决销路与资金问题;其次是扩展规模,打造乐安县原生态旺农肉牛品牌;第三是建立网站,打开市场;第四是设立原生态肉牛养殖基地观光区,吸引更多游客,把品牌做大做强。农场规划用3~5年时间,新建肉牛养殖基地3个,肉牛达到3000头以上,专业合作社成员达到100户以上,培训农户300户以上。

资溪县森郎种养专业合作社

——以鹿为主多元发展

资溪县森郎种养专业合作社基地位于江西省抚州市资溪县高阜镇初居村,占地 3000 多亩,实行"种养结合"的生态农业经营模式,主要养殖梅花鹿,经营产梅花鹿周边产品、深山红米、竹筒酒和灵芝孢子粉,现已发展成为南方为数不多的梅花鹿养殖基地。

一、合作社发展历程

合作社理事长胡小华是从一场车祸后发现了机遇,从而走上了创业道路。

高中毕业的他于 2009 年成立了专业种植合作社,以种植富含维生素和矿物质的红米、乌米、小麦等五谷杂粮为主,意在把好的粗粮推向市场。他策划实施的"一亩田"计划被江西一亩农庄公司会员认购定制,在田间安装监控进行全程追溯,产品供应八宝粥厂、杂粮商行、黑芝麻糊厂,带动了百余农户就业。

为谋求创业发展,因地制宜,打造独特产品,2014 年,胡小华成立森郎种养合作社,以养殖梅花鹿,种植林下野生菌为主。

项目发展分三期建设完成:一期建设圈养区;二期建设散养区;三期建设农家乐观光园、副产品加工区、办公区。在他购买了母鹿 40 只,公鹿 160 只后,以 7 万元的工资聘请北方一对夫妻帮助他圈养梅花鹿,自己则负责推广,寻求投资方及认购方。合作社致力于打造特色农家乐、梅花鹿散养观光区,利用梅花鹿吸引旅游人群,打造鹿产品区,如鹿茸、鹿皮的销售,并开设鹿肉馆供游客品尝。目前,农家乐、梅花鹿散养观光区正在积极筹建中。作为一名新农民,胡小华决胜的制高点主要靠一个"新"字,他带领的团队脚踏实地,敢想敢为,用辛勤的劳动收获了累累硕果。

胡小华在梅花鹿养殖基地喂养

二、经营模式及农产品销售渠道

初期,资溪县好帝稻杂粮种植专业合作社注册后,以"互联网+一亩农庄"的模式进行粗粮种植。

后期结合市场行情,胡小华对合作社经营模式做出调整,决定突破传统养殖方式,在有限的土地上经营创新型农业项目。因地制宜,以珠三角"桑基鱼塘"为模仿对象,稻田种植中兼养草鱼、鲫鱼、鸭、鳖,用其排泄物作为稻米的有机肥料,实现废物循环利用,益最大化。

合作社结合当地山地资源条件以及红米的防癌抗癌强、灵芝药用价值高、竹筒酒饮用功效明显的特点,胡小华决定以红米、灵芝、竹筒酒作为合作社的特色产品进行经营,灵芝种植过程中还套种植松毛菇、野生菌600亩。

杂粮销往河南三信粮业、湖南京升缘粮业;附属产品杂粮米粿、米线、稻田鱼、土鸡土鸭、野鸡野鸭、自酿米酒等就近销售;竹筒酒采取"线上+线下"的销售模式,淘宝网、微信等平台销售。

梅花鹿销售途径主要有会员认养和活体租赁,包括开业庆典、拍戏、婚庆、寿宴等。鹿的一身都是宝,鹿茸、鹿血、鹿胶、鹿鞭等除自家农家乐使用外其余的销售给各大酒店或游客。

胡小华给来访客人介绍合作社

三、发展经验

1. 要有明确的方向和目标，到全国各地参加学习、培训、实践，结交专家朋友和优秀同行。

2. 利用好政府惠农政策。

3. 坚持，坚持，再坚持，办法总比困难多。不忘来时的路，选择了就要做到最好。

四、发展瓶颈及远景规划

发展瓶颈有三：一是知名度和影响力不够，需要媒体更多关注；二是留不住客源，需要项目多元化；三是资金短缺是最大瓶颈。

未来，合作社继续扩大养殖规模，促进当地经济发展，带领周边农户共同致富，这是胡小华的理想。在项目规划上，准备采取"公司＋农户"的形式，用三年的时间推广吸引当地农户参与养殖致富。由合作社投资养殖区或农户自建养殖区，进行参股、认养、代养、寄养、自养，由合作社提供技术指导，成品鹿回收等多种合作模式。五年内在江西省分设 20～30 家鹿肉馆、鹿产品展示厅，条件成熟后建成"互联网＋销售"平台的营销模式。

追梦现代农业

南昌县正志综合种养合作社

——以农为主农旅结合

南昌县正志综合种养合作社位于南昌县广福镇万洲村,成立于2015年3月,注册资本1000万元,负责人黎芳。合作社主要从事水稻种植、加工和销售,水稻种植面积860亩。

一、合作社发展历程

黎芳1996年大学工业企业管理专业毕业后,回到家乡南昌县,在销售公司做业务员,经过几年的努力,成为南昌片区业务主管经理。

黎芳参加南昌市第十五届人民代表大会合影

2012年,一次偶然的机会,看到电视报道了两起食物中毒事件,激起了她从事农业生产的想法。为了让家乡父老乡亲能吃上放心的米和菜,决定回到家乡,投身农业。

为了能种好田，黎芳自学农业科技知识和水稻种植技术，用自己十多年打工赚来的积蓄流转村民撂荒的水田，聘请有种粮经验的老农民进行技术指导。2013年她将成功流转的450亩田全部种植了优质水稻，由于风调雨顺，加上精心管理，获得了丰收，取得了开门红。

2014年，早稻和晚稻种植期间遭遇长期阴雨天气，造成水稻严重减产，这给刚转行投入农业的黎芳造成很大的打击。在徘徊犹豫时，她参加了在江西农业工程职业学院举办的全省现代青年农场主培训班，通过学习，掌握了农业种植新技术、新知识，也接触到农业生产经营管理的新理念。在与老师、学员深入交流探讨后，让她更加坚定了从事农业的决心。随后，她注册成立南昌县正志综合种养合作社，并流转了420亩土地。目前，合作社流转土地达870亩。

二、经营模式与产品销售渠道

合作社采用"种（养）殖＋农产品加工"经营模式。主要种植优质水稻和蔬菜，此外还有80亩鱼塘，养殖草鱼和鲶鱼。稻谷部分卖给国家用于储备，部分加工成大米以订单直销或批发销售；鱼类则以水产品批发销售为主。

三、发展瓶颈及远景规划

合作社发展的制约因素主要有：一是受气候条件影响大，农业生产受气候条件制约，靠天吃饭情况突出；二是农业生产技术水平有待提升。合作社负责人属跨业经营，与之前所学专业、从事工作领域都不相同，缺乏农业从业和管理经验。基地工人尽管拥有一定年限的传统农业生产经验，但缺乏现代农业科技知识，使合作社发展受到制约。

未来，合作社本着和谐发展的理念，走生态、环保、健康的现代农业发展之路。

具体措施为：走绿色发展之路，发展农产品深加工，创立属于合作社的绿色大米、蔬菜和水产品品牌；实施"农超对接、农店对接"，实现大米和蔬菜直供销售；实行"合作社＋农户"的生产模式，带动周边农户发展；进行农业的综合开发，走一、二、三产业融合道路。合作社在发展种植业、养殖业和农产品加工业的同时，结合当地的旅游资源，将古老的明清村庄（南昌县广福镇板湖黎村）打造成为集生态农业、田园观光、农事体验、农家住宿餐饮于一体的生态

家园,将村庄建设成为生态文明示范村。

合作社稻田

农业企业篇

江西鑫曜农业发展有限公司
——打造果蔬示范基地

江西鑫曜农业发展有限公司位于新干县城上大坑村,创办于2013年7月,主营蔬菜、水果、谷物种植、销售和中药材种植、收购、销售等,现有员工200余人,专业技术人员30多人,是江西省无公害蔬菜种植的龙头企业之一,也是全省各监狱蔬菜供应生产基地。

一、公司发展历程

2013年,经新干县人民政府招商引资,依托当地良好的生态条件和丰富的自然景观,江西鑫曜农业发展有限公司(鑫曜农庄)在新干县城上乡大坑村落户成立了。

公司招牌

2014年,公司从江苏农科院引种优质、高产、速效油桃、水蜜桃,并采用大棚高密度速生栽培技术,试种150亩速生水蜜桃,第2年即挂果,产品销往上海、南京、深圳等各大水果批发市场,产品供不应求,亩产值达2万元。

2015年春,水蜜桃种植面积扩大到300亩,成为新干县最大的速效桃园示范基地。当地农民看到实实在在的效益,激发了农民种桃的积极性,纷纷向公司要桃苗,公司培育优良桃树苗木20万株,既满足了农民的需求,扩大了桃树的种植面积,又进一步发展了当地的果业。

2015年3月,依托新干县丰富的旅游资源,公司成功举办了第一届桃花节,吸引了来自全省各地游客来农庄旅游观光,公司农庄为游客提供餐饮、采摘等体验式消费服务。由于基地多建在山里,远离工业污染,灌溉水清洁,肥料以有机肥为主,基地生产的果蔬受到广大消费者的喜爱。

二、经营模式与产品销售渠道

公司采取"种植+销售+观光农业"的经营模式。

新干是重要中药材"商洲枳壳"的原产地和主产区,公司同时收购、加工枳壳。基地农产品的销售渠道分为三种:一是在省内外各农产品批发市场批发销售;二是农超对接,在省内大型超市设立水果、蔬菜销售专柜;三是观光采摘。通过举办桃花节等活动,吸引游客前来观光采摘。

三、发展经验

1. 产品品质是关键。

鑫曜农业发展有限公司种植的速效油桃、水蜜桃,施用的是有机肥(如鸡粪等),且采用大棚保护地栽培,品质优,上市早。良好的品质赢得了良好的销售,且产品销售价格较高。

公司盛果期的油桃树

2. 丰富的自然资源奠定了良好的基础。

城上大坑村地处山区,流转出来的土地大多是农民不愿耕种的地块,租金较低;基地工人主要是当地农民,工资相对较低,节约了用工成本;有丰富的旅游资源,客源稳定。

四、远景规划

一是解决技术管理人员短缺问题。在大棚内种植油桃、水蜜桃,对技术要求高、管理难度大,而当地缺少这方面的技术人员,技术指导专家聘请成本也较高。公司将全力打造自己的技术团队,招聘大学生并派往江苏等地学习提升,同时也对本地种植户进行技术服务和定期培训。

二是形成"一村一品",产生规模效益。充分调动周边农民的创业积极性,带动周边农民一起栽植油桃和水蜜桃,采取"公司+农户"发展模式,用3年时间将栽植面积扩大到5000余亩,真正成为优质水蜜桃种植示范基地;用3~5年时

种植基地的桃花

间培植最优良的油桃、水蜜桃种苗50万株左右,带动周边农民种植油桃和水蜜桃,实现种植规模达到10000余亩,通过举办一年一度的桃花节,让农庄基地成为周边市民休闲的好去处。

南昌县青岚现代农业有限公司

——科技创造奇迹

南昌县青岚现代农业有限公司成立于2009年,是一家以农村废弃物开发利用为基础,以转变农业经济发展方式为目标,以市场为导向,以科技、体制创新为动力,发展高产、高效、优质、生态、安全的新型现代农业企业。公司种植基地位于南昌县塔城乡,种植面积1000余亩,是江西省首家简易高效无土基质栽培绿色、有机果蔬示范基地。公司先后被评为南昌市农业产业化龙头企业、江西省农业产业化龙头企业,市、省、国家级科普示范基地,全国青少年食品安全科技创新实验示范基地,江西省守合同重信用AAA企业。

一、公司发展历程

随着人们生活水平的提高,老百姓对食品质量的要求也越来越高。南昌县青岚现代农业有限公司瞄准这一商机,借助省内外多家科研院所的力量,利用自主研发的国家发明专利技术(无土基质高效栽培有机果蔬),生产"水岚洲"牌系列有机果蔬产品。

公司于2009年在南昌县塔城乡注册成立,随即组建了蔬菜种植专业合作社,青岚村、湖陂村、芳湖村等三个村有120余户加入合作社,规模得以迅速扩大。同年,公司成为江西省第一家采用简易生态型无土基质高效栽培果蔬示范基地。

时任南昌市委书记余欣荣考察公司

2010年,公司采用有机基质栽培哈密瓜获成功,成为江西省第一家无土基质高效栽培哈密瓜的企业。

2011年，通过技术再创新，公司将无土基质栽培一系列关键技术整合集成应用于有机果蔬生产获得成功，并顺利通过专家鉴定，获江西省第一张该产业领域科技成果证书和江西省第一张无土基质栽培有机果蔬认证证书。经省科技厅情报查新，该技术填补国内空白，公司先后申报了国家发明创造专利1项和配套实用新型专利6项。

2012年，公司获有机果蔬基质栽培技术创造发明专利和6项配套实用新型专利授权书，11种产品获江西省重点新产品计划立项。以产地命名注册的"水岚洲"牌商标被评为江西省著名商标。

2013年，公司荣获南昌市科技进步二等奖和江西省农牧渔业技术改进三等奖，产品获得全国百佳标准化农产品品牌等。公司果蔬种植基地由当初的300多亩扩大到1000多亩，其中核心示范基地100余亩，转化利用农村废弃污染物6000余方，实现产值2000余万元，辐射带动周边6个基地，500余农户从事种养业，带动千余农户致富。

二、经营产品与销售渠道

公司主打两类产品生产：一是"水岚洲"牌系列有机果蔬生产，二是无土栽培基质生产。"水岚洲"牌系列有机果蔬是该公司按照有机种植标准，采用经科学配方发酵腐熟配制成能满足作物生长所需养分的栽培基质，代替土壤与化肥配制的营养液，高效栽培出来的系列有机产品。主要包括瓜类（水果黄瓜、礼品西瓜、甜瓜、苦瓜等）；茄果类（辣椒、茄子、番茄）；叶菜类（花菜、特色甘蓝菜、青菜等）；豆类（菜豆、豇豆）等，其产品因清洁无污染、口感独特、营养丰富而深受消费者青睐。

基地养殖的果蔬

公司大棚蔬菜使用自己配备的农家肥，从种子到收获无需除草和喷洒农药，采用滴灌和排灌双重技术，高效、省时、省力；采用独有的吊苗技术，节约了

土地,增加了单位面积产量,提高了效益。

无土栽培基质生产,是利用农村废弃物(秸秆、菇渣与畜禽粪便等)经生物菌发酵处理,生产优质有机肥(无土栽培基质),使农业生产中产生的作物秸秆、菇渣以及养殖生产中产生的畜禽粪便等废弃物得到循环利用,实现了经济效益和生态效益的双重发展。

农产品销售渠道:一是除销往省内各地农产品批发市场外,还销往南京等地;二是农超对接;三是客户办理会员卡,每周定期配送;四是游客采摘。几年来,"水岚洲"牌农产品在南昌各大商场、超市大受欢迎,成为南昌市民餐桌上的"常客",年产3000余吨依然供不应求。

三、发展经验

南昌县青岚现代农业有限公司自成立以来坚持走自主创新发展道路,实施软硬实体双轮驱动发展战略,夯实了可持续发展的基础,提高了企业核心竞争力。

该公司采用肥水一体化等先进栽培技术,降低生产成本,提高经济效益,打造有机品牌,提高了核心竞争力。只有以科技、体制创新为动力,才能成为科技创新型现代企业。

四、远景规划

未来,公司将进一步解决好土地流转问题,计划3~5年扩建富硒有机果蔬无土基质栽培核心示范基地1000余亩,力争打造国家级基质高效栽培富硒有机果蔬示范基地,努力将"水岚洲"打造成中国农产品品牌的标杆,吸引更多的农村青壮年劳动力返乡务工与创业。

此外,公司正积极筹备申报产品地理标识和国家高新企业认定,实现品牌营销模式创新,为今后"水岚洲"走出江西,走向世界奠定坚实的基础。

江西圣果农业科技有限公司

——打造果蔬产业群

江西圣果农业科技有限公司于2014年在樟树市阁山镇成立,主要种植特色果蔬,种植基地占地800多亩,种植了金桔、枇杷、红心柚、夏黑葡萄、黄桃、无花果、红心猕猴桃等特色水果600余亩;蔬菜200余亩。

一、公司发展历程

2003年,公司创始人张爱珍考入赣州市果业局,成为一名技术员。当时,赣州开始大面积推广脐橙种植,她看到了果业(脐橙)的大好前景,工作一年后,便毅然辞去工作,承包了200多亩山地种植脐橙。几年后她又承包了400多亩土地种植蔬菜。由于果树、蔬菜等作物需要大量的有机肥,于是她又开办了养猪场和养牛场,通过种植和养殖结合,解决了有机肥源,达到了良好的增产增收的效果。这样一干就是十几年,期间经历了许多的风风雨雨。也正是在这过程中,张爱珍经历了从单一化种植产业到规模化种植与销售的全产业链的过程。

2014年的一次偶然的机会,张爱珍了解到樟树市政府在阁山镇建设现代农

公司创始人张爱珍

业示范区,政府搭建了一系列的平台,她便来到樟树市阁山镇现代农业示范区开办起规模化的家庭农场,成立了江西圣果农业科技有限公司、江西健君农业研究院有限公司。

二、经营模式与产品销售渠道

公司采取"公司+农户"经营模式,通过技术服务和产品回收代销等模式,带动周边农户种植葡萄、西瓜、甜瓜、保健蔬菜等,提供种子(苗)和种植技术服务,回收、代销农户产品,解决种植户的销售难题,让农户放心大量地种植,并获得较好的经济效益,实现双赢。

公司所在地有阁皂山和中国古海等知名旅游景点,有连接南北的京九铁路大动脉的樟树东站,还有连接东西的昌东高速公路(樟树阁山出口),以及即将修建的高铁樟树东站,距樟树市区仅十分钟车程,交通十分便捷。公司利用资源区位优势致力打造观光旅游

种植基地一角

专线,吸引游客到种植基地采摘特色水果、蔬菜。

公司建设了"果缤纷"主题乡村体验式互联网自助餐厅,游客可享受如家一般的烹调饮食服务,自己采摘健康蔬菜、粗粮及养殖的家禽作为原材料,自己制作美食,享受自己的劳动成果,体会回归大自然的味道。

自助餐厅的特色是消费形式多样:一是自助式体验,餐厅提供所有新鲜食材和烹饪调料,素菜免费提供,家禽按价称重,烧烤食材按价自选,收取场地费;二是农场实体消费,直接在店内现场点菜;三是线上消费、线下体验,客户先用公司支付系统点好菜,约好上菜时间,一到店内即可上菜;四是线上消费,家中体验,客户只需通过网上商城下菜单,点上喜爱吃的菜,农场为客户洗好、切好、搭配好各种食材,直接送到家;五是线上消费,家里用餐,即外卖的形式。

目前,公司农产品的销售渠道有三种:一是固定的农超对接、大型批发市场,订单销售;二是大力推广线上新鲜农产品的概念,推动线上销售;三是采摘销售。

三、发展经验

投身农业行业已有十几年,张爱珍谈及做农业最大的体会就是"坚持",因为农业是个靠天吃饭的行业,外部给予的创业环境再好,关键还是靠自己去埋头苦干、用心经营,有能力去抵御天气随时带来的影响。如果没有坚持,是走不到现在的。经营农场,要以企业运作的方式来开展,有长远的规划、专业系统化的运营管理。不能像以前那样的小户种植、小农思想,这样永远是做不大的。

四、远景规划

公司将整合、收编更多的散户,采取集约化、专业化种植,形成种植规模,力争3~5年内面积达5000亩。做芦笋、无花果等农产的深加工,培育打造樟树的品牌土特产。加入"餐饮"服务,以农场新鲜有机食材辅以自助式烧烤、农家乐体验,为消费者打造一体化的餐饮体验。

江西腊月红生态果业有限公司

——让三湖红橘"红"起来

江西腊月红生态果业有限公司位于江西省新干县金川镇流坑,是新干最大的蜜橘、红橘种植企业,总投资6000万元。目前,公司已申请具有地域品牌的注册商标"新干蜜桔"。

一、公司发展历程

创始人聂雄辉于2015年1月将原新干县民政局果园场和新干县塘头乡长港果园场共800余亩进行了流转,于2015年7月开始筹建江西腊月红生态果业有限公司,果园面积达840亩,其中大棚70余亩。

公司正门

基地采用起垄限根、大棚保温、留树保鲜、越冬完熟等柑橘新技术,是我省目前最大的蜜橘、红橘新技术示范基地。果园种植有新干蜜橘、三湖红橘、金兰柚等地方特色柑橘品种。其中,三湖红桔是江西省新干县地方特色柑橘良

· 61 ·

种,农业部农产品地理标志保护产品,属宽皮橘类,果实11月上旬成熟,果色鲜红,果肉脆嫩,甜酸适度,风味独特,营养丰富。该品种还具有很好的观赏价值,具喜庆和吉祥之意,被乾隆皇帝亲赐"大红袍"美誉。

果园种植过程中全程采用无害化防虫、有机无公害配方施肥种植,通过采取科学环保的种植技术使蜜橘果形整齐、皮薄肉嫩、汁多化渣、丰产稳产、甜度达到15度左右,比传统蜜橘高5度以上。

公司发展得到华中农大、江西农大、县农业局、果业局等多部门的大力扶持,力求打造"一业带百业,百业促主业"的良好发展格局。

二、经营模式及产品销售渠道

公司采取"特色柑桔种植+销售+观光农业"的经营模式,种植的柑橘品种为具有地域品牌的蜜橘及新干地方特色品种三湖红桔,并依托现代农业科学技术,瞄准柑橘高端市场需求,倾力打造高品质的绿色采摘园发展观光旅游业,带动种植业,采用大棚保温、留树保鲜技术,保证采摘园观光采摘期长,春可赏花、夏可休闲赏景、秋冬可采摘赏果。

公司每年定期举办"腊月红·新干蜜橘"采摘节暨线上推广活动,为新干县柑橘产业发展升级做出了良好的示范,也为新干县发展休闲观光农业开辟了一条新路。

"新干蜜橘"产品主要销售渠道:一是水果批发市场,公司在江浙等各大水果批发市场布点批发销售;二是农超对接销售,在各地大型超市设立新干蜜橘销售专柜,在超市进行实体销售;三是观光采摘,通过举办新干蜜橘采摘节等活动,吸引游客前来观光采摘;四是电商销售。

三、经验分享

1. 要依托现代农业科学技术,减少劳动力投入成本,同时瞄准农产品高端市场,打造自己的产品品牌。

腊月红公司聘请了权威果树专家如华中农业大学、江西农业大学专家教授为技术顾问,采用起垄限根、大棚保温、留树保鲜、越冬完熟等技术。由于蜜橘品种优良,管理科学,蜜橘的品质优异,蜜桔果形整齐、皮薄肉嫩、汁多化渣、丰产稳产,甜度达到15度左右,比传统蜜橘高5度以上,再加上蜜橘留树持久保鲜,稳定供应,深受广大消费者喜爱。

2.现代农场的经营模式要走"种/养殖+农产品深加工+销售+观光农业"全产业链道路,企业才能得到长期稳定的发展,才能在市场占自己的一席之地。

3.利用地理优势,将果园打造成集观光、休闲于一体现代农业庄园,让游客认领果树,体验产品的整个生产流程。

诱人的"腊月月红·新干蜜橘"

4.建立完善的网络服务体系。为广大消费者提供方便、快捷、守时的物流配送服务;协助经销商进行产品宣传,灵活多样的营销方案配送,全面维护区域市场总经销的利益。

四、远景规划

公司发展远景有三:一是预计用3~5年时间,投资三千万元将现有果园扩大一倍以上,其中大棚覆盖面积将达到占地面积的1/3以上;二是将基础设施建设好,所有山坡都通水泥路面,便于机械化作业;三是营造良好的周边环境,打造具有可看性的景点,让农庄成为周边县区市民休闲度假的好去处。

江西龙城农业发展有限公司

——着力打造"四个一万"基地

江西龙城农业发展有限公司位于江西省吉安市吉水县,是江西龙城集团下属企业,集团内成员还包括龙城投资、龙城建筑、龙城房地产。

公司生产的大米包装

一、公司发展历程

江西龙城农业发展有限公司于2015年2月经吉安市工商行政管理局批准正式成立,注册资本6000万,致力于老区现代农业的发展、有机农业的实践。公司主打产品为"龙城生态绿色有机大米"。

二、经营模式及产品销售渠道

1. 有机稻米生产。

公司建立了万亩有机粮油生产基地用于夏粳－冬油示范区建设、"早籼－晚粳＋冬肥"示范区建设、"单季晚粳－稻鸭共栖＋冬油"示范区建设、"中药材＋冬油＋晚稻"品种双季种植示范区建设。

公司从几个方面严格把关产品质量：土质采用水田、燕坊、盘谷等原生态土壤；水源使用清澈无污染水源灌溉；种子精挑未经基因改造的优质稻种；全过程绿色种植，有机生态链培育，稻鸭共栖，1亩田配6只鸭；生产过程严禁化学合成的农药、化肥；纯自然环境下培育、成长、收割、烘干粮食。

2. 有机粮油食品生产加工。

计划在水田富口或入园建设万吨有机粮千吨有机油加工基地，形成生产、加工、销售一体化发展模式。

3. 有机蔬菜经济林生产。

重点打造燕坊"有机蔬菜产业基地＋林牧禽共栖自然放养"的生产模式，结合本地特色农业和优势农业的资源特点，按照农业集约化经营的要求，规划相应的农业产业主体。由于环境优良，生产的蔬菜等农产品可达到有机食品的要求。

4. 有机中药材生产。

流转1000亩土地，用于有机紫苏种植示范区建设，可为县域金海香料油企业年需上万吨紫苏叶提供可靠资源与支撑。

5. 现代农业服务体系。

以龙城现代农业为载体，建立相适应的产、学、研及技术交流与培训、创新研发与物流配送、信息技术与电子商务一站式服务功能。

6. 生态农业观光旅游。

打造峡江水利枢纽水田库区沿江"生态农业观光带"和吉水金滩燕坊文化古村"有机农业、生态观光"园。

公司实体店

公司拥有多元化销售渠道，通过"直销店＋专柜直销＋配送＋网上销售"等途径打响龙城有机品牌。

三、经验分享

丰富的自然资源是基础。山区由于远离工业污染区,具有良好的土地资源,流转出来的土地大多为农民不愿耕种的地块,租金相对较低;基地员工主要来自当地农民,工价相对较低,节约了用工成本;土地无污染,是有机农业发展的良好基础。

依托科技、打造有机品牌,提高核心竞争力。依托现代农业科学技术,走规模化、机械化之路。有机农业是未来农业发展的主要方向,迎合消费需求,打造绿色、安全、营养、健康的农产品,打造品牌。

四、远景规划

近期3~5年目标:流转土地2万亩,林地1万亩,并对流转的土地进行园田化改造。由于流转的土地基本属于抬田,必须进行全面改造,才能适宜于机械化耕作。同时建立有机粮油标准化规模生产体系、质量保障体系、产品研发体系、技术支撑及农业服务体系,建立一座年加工能力1万吨的有机大米、有机菜油生产工厂,成为赣中有影响力的有机粮油生产基地及现代农业示范基地,打造峡江水利枢纽水田库区沿江"生态农业观光带"和吉水金滩燕坊文化古村"有机农业、生态观光"园。

龙城农业旗下家庭农庄

远期目标:打造万亩田、万亩山、万吨粮、万人就业"四个一万"基地,总结出一套完善、成功、具有可操作性的产业模式,辐射或引领带动周边县市加盟,实现全市处处有基地、县县有加盟;实现公司有机粮油"品牌、生产、加工、包装、营销"五统一体系,力争成为江南粮食产区的农业上市公司。

江西思科农业开发有限责任公司

——建立首家蓝莓种植示范基地

江西思科农业开发有限责任公司成立于 2008 年,是一家集农业生产、销售、深加工为一体的综合性开发企业,南昌市农业产业化龙头企业,中国园艺学会小浆果分会理事单位,南方蓝莓科研协作组江西协作单位,江西省园艺学会理事单位,南昌市青年企业家协会会员单位,江西省食品工业行业十大诚信企业。公司致力于成为一家兼顾经济效益、社会效益和受人尊重的现代化农业企业。

一、公司发展历程

公司于 2008 年 9 月 13 日开工建设种植基地;2009 年蓝莓小规模挂果成功、扦插育苗成功;2010 年引进蓝莓酒、蓝莓饮料投放江西市场;2011 年掌握蓝莓深加工技术;2012 年全面掌握蓝莓组培苗生产技术并进行量产、生产蓝莓果酱,在靖安县、崇仁县合作建设区域种植示范基地;2013 年全面启动蓝莓市场推广与深加工项目;2014 年江西思科食品有限公司成立,深加工工厂建成。

公司生产的蓝莓饮料

公司现有专职技术人员 6 人,其中高级职称 2 人,熟练工 8 人。公司已与国内外众多知名科研院所建立了长期合作关系,完全掌握江西蓝莓有机栽培技术和插扦、组培的育苗技术,具备每年供应 1000 万株优质蓝莓苗木的能力。

公司坚持科技创新,以生产绿色有机的放心产品为目的,重点关注新奇特农产品,引进第三代水果之王——蓝莓,建立江西首家蓝莓种植示范基地,填补了江西高档水果的空白。经过发展,公司栽培了高丛蓝莓、兔眼蓝莓等50余个蓝莓品种,获得国家专利1项,注册商标3个,组织实施的研究项目"江西蓝莓品种筛选"被评为省级科研成果,在江西蓝莓行业处于领先地位。

二、经营模式与产品销售渠道

思科公司采取"公司+农村经济合作组织+农户"的形式发展蓝莓产业,并采取"种植+产品深加工+销售+观光农业"全产业链经营模式。公司的蓝莓产业主要包括蓝莓种植、蓝莓深加工、苗木种植加盟、蓝莓苗木生产和旅游观光几方面。

蓝莓种植。公司在江西桑海经济技术开发区桥西村建立了江西首家蓝莓种植示范基地,在靖安县仁首镇、奉新县赤岸乡、崇仁县六家桥乡建立了合作基地,并在高安、新干、武宁、乐平、樟树等建立购苗试种点8个。示范基地全部采用中科院南京植物科研所优质蓝莓种苗和全套有机蓝莓栽培技术。

蓝莓基地

蓝莓深加工。公司已与国内外众多知名科研院所建立了长期合作关系,在产品加工方面与中国农科院农产品加工所、南昌大学等权威单位紧密合作,进行蓝莓深加工。由于采用的是原生态有机蓝莓为原料,经现代榨汁工艺和酿造技术制造而成,保留了蓝莓鲜果特有的原始风味和营养成分,开发的蓝莓果糕、蓝莓果酱、蓝莓果汁、蓝莓果酒等蓝莓系列产品,深受消费者的欢迎。

苗木种植加盟即合作种植。公司提供优质苗木及全套种植技术,并可回收蓝莓鲜果,确保加盟者的经济效益。

蓝莓苗木生产。公司通过扦插和组培技术相结合培育蓝种苗,具备年供应1000万株优质蓝莓苗木的能力,确保苗木长势良好、品种正宗,并可委派公司技术人员上门服务指导。

旅游观光。公司蓝莓种植示范基地位于江西省南昌市桑海经济技术开发区,基地距离省城南昌仅半小时车程,蓝莓挂果期又长,是节假日市民渡假、休闲观光的好去处。基地每年还举办一次蓝莓节,吸引众多游客的前来观光游览。

产品销售渠道主要有:江西思科旗下的南昌蒂蓝贸易有限公司专注蓝莓深加工产品销售;苗木销售方面采取苗木种植加盟等途径进行销售;鲜果、系列加工产品采取批发市场、超市等实体销售;农业龙头企业订单直销;电商平台、微营销;采摘。

让人垂涎的蓝莓

三、发展经验

重视生产、管理、深加工、营销等技术研发、创新和推广,通过严格落实这些技术,经过失败、教训,经历了多年的沉淀,探索出了自己的全产业链的发展道路。

未来社会、企业、产品、个人的竞争,谁建立了并全方位保持相互之间的良好的沟通关系,谁将是最后的赢家。不积跬步,无以至千里,唯有脚踏实地,才能有所收获。

四、远景规划

未来,公司会加大宣传力度,提高产品质量,不断提高消费者对蓝莓的认知度,使蓝莓拥有更好的销量;进一步探讨蓝莓深加工技术,提高蓝莓深加工产品的质量。

公司还将与业内各企业加强合作,扩大蓝莓种植面积。公司2015年蓝莓种植面积达到10000亩,计划到2017年公司蓝莓种植面积达到10万亩,形成蓝莓果汁、果酱、原浆、蓝莓酒、蓝莓罐头、蓝莓花青素、蓝莓色素等全系列产品加工能力,争取企业年产值过亿元。

宜春市绿龙现代农业发展有限公司

——发展绿色农业倡导健康生活

宜春市绿龙现代农业发展有限公司（以下简称绿龙公司）成立于2010年，注册资金200万元人民币，是一个集生产、科研、储备、加工、销售为一体的现代化农业企业。公司主要生产无公害、有机蔬菜，优质、特色水稻，现有员工200人，种植基地位于明月山风景区南庙河流域，基地面积5000余亩，其中无公害（绿色、有机）蔬菜基地2000余亩，优质特种水稻基地3000余亩。

一、公司发展历程

公司秉承"发展绿色农业，倡导健康生活"的理念，在宜春市南庙镇流转5000亩土地，建设无公害蔬菜、优质特种水稻基地。2011年1月动工建设，5月投入生产。投入建设资金1600余万元（含农田改造、水利设施建设）。主要建设项目包括蔬菜大棚100余亩，节水灌溉设施1000余亩，农机具60余台套；配套建设设施栽培区500亩、年生产能力2万吨的净菜加工厂一个、容量500吨的保鲜库一座、年生产能力2万吨的有机肥厂一个；以及无公害蔬菜检测中心、市场营销中心和管理办公等。

公司坚持科技先导，规范管理，品牌经营，努力打造核心竞争力，引进农学、植保专业人才6名，外聘农业、植保专家3名。2011年蔬菜和水稻获得无公害、有机（转换）产品两个认证，实行无公害、有机并行种植。注册了"月之南"商标，并努

生产基地一角

力将其打造成知名品牌。

二、经营模式及产品销售渠道

绿龙公司以基地为示范，带动农户种植蔬菜和水稻，建立了集订单、加工（分级、净菜）、包装、冷藏、配送和营销为一体的完整产业链。

无公害（绿色、有机）蔬菜生产。绿龙公司蔬菜基地面积2000余亩，其中蔬菜大棚200余亩。常年种植的主要蔬菜品种及面积：水生蔬菜－茭白4个品种500余亩；茄子2个品种250余亩；毛豆300余亩；黄瓜100余亩；辣椒150余亩。以及芦笋、豆角、香芋、南瓜和各种叶菜等。为了丰富蔬菜品种，先后引进了红秋葵（日本）、余干辣椒、芦笋、孢子甘蓝（地中海）等蔬菜新、特品种，移植试种本地特色野菜——仙人菜，年产各类蔬菜3700余吨。

优质、特色水稻生产。主要水稻品种及面积：紫色水稻1000余亩，优质籼稻2000余亩。年产优质、特色稻米600余吨。

特色水果种植。公司果园种植了早熟梨、樱桃、蜜桔、葡萄等多种水果。

休闲观光旅游。公司蔬菜基地是宜春市中小学青少年科普教育基地之一，公司建有农耕文化馆，温室大棚内、露地上到处绿意盎然，四季瓜果飘香，吸引着广大中小学生及四方游客前来观光游览。

生产基地一角

公司产品销售渠道有：面向全国市场、客户群等各地粮、菜批发大户批发经销；农超对接，在省内大型超市设立无公害（绿色、有机）蔬菜、优质特种大米专柜；通过电商平台进行线上销售；根据客户要求定期配送，送货上门；观光采摘销售。

三、发展经验

公司的发展经验主要有：一是规模经营出效益；二是机械化耕作，肥、水一体化管理等先进的栽培技术，大大降低农业生产成本；三是坚持科技先导，规范管理，品牌经营，确保产品优质高效，打造核心竞争力；四是以诚信、实力和产品质量求发展。

四、远景规划

绿龙公司将继续坚持推行机械化耕作，采用喷灌、滴灌、温控大棚、无土栽培等现代化农业手段和无公害栽培技术，生产民众喜爱的辣椒、苦瓜、黄瓜、大蒜、芹菜、土豆、茭白、香芋等优质蔬菜，并不断开发、引进优质蔬菜新品种，逐步实现至 2020 年实现产优质无公害、有机蔬菜 10000 吨以上的生产目标。

公司将通过多种途径，解决周转资金不足问题；通过与省农业院校、科研院所密切合作，解决技术和人才缺乏问题。

江西省吴城农业发展有限公司

——深耕中药产业链

江西省吴城农业发展有限公司创建于2012年,坐落在樟树市吴城乡,下辖药业、牧业、园林业三个公司,总投入3000多万元,现如今已初具规模,各项业务走上了正轨。公司目前以种植中药材为主,计划今后进军中药材深加工领域,将产业链延长深入发展。

中药材生产基地俯瞰

一、公司发展历程

江西吴城农业发展有限公司的药业分公司有基地两个,中药材种植面积2800亩,年产黄栀子和吴茱萸80万千克,产值800万元,年获利500万元;牧业分公司位于吴城乡庙前水库旁,是园林式中型养猪企业,现有建筑面积15000平米,原种母猪150头,二元母猪600头,年出栏生猪10000头,年产值3000万元,盈利800万元~1000万元;园林业分公司于2010年秋至2011年春共投入280万元,从浙江、湖南、江西赣州等地引进香樟、桂花、茶花、罗汉松、红豆杉等名优树种15万株,现长势良好。2016年已投入300万元,栽种

30万株,打造了一个占地达200亩的精品苗圃。计划三年内栽种苗木100万株,打造成一个上规模的现代园林企业。

园林一角

二、经营模式与产品销售渠道

该公司采用种植和养殖一体化的综合性经营管理模式,同时兼观光旅游、休闲度假等项目。主要业务分为中药材种植、园林苗木种植、育肥猪和母猪养殖三大部分。

农产品销售途径以批发为主,零售为辅。通过公司市场开发人员奔赴长三角经济地区或珠三角经济地区,主要采用面对面洽谈、协商的直销方式以及和省内大型销售市场进行批发销售。

三、发展经验

1. 方法总比困难多。

公司在发展过程中曾遭遇了很多难题,如资金、土地、技术等问题,但通过当地政府从中牵线帮忙、银行贷款、联系当地老表开展土地流转,邀请专家咨询服务等,都得到了较好的解决。

2. 依靠科技,提高效益。

公司成立初期在种植药材和苗木过程中,由于技术不过关,出现了一些病虫害,造成了一定的经济损失。为解决这些技术问题,公司曾先后邀请江西农业大学、江西农业工程职业学院的专家、教授做技术顾问,有效地克服了病虫害对作物危害,提高了经济效益。

3.多条腿走路,形成综合性的产业链。

公司的产业不能一条腿,而要多条腿走路,形成综合性的产业链,从而保证公司每个时段和期限都有流动资金。如上半年销售苗木,年中销售肉猪,下半年销售药材等。

公司苗圃

4.有困难,找政府。

任何行业的发展都离不开政府的大力支持和扶持,农业企业的发展壮大一定要和当地政府密切联系,通过政府出面协调解决有关问题,能够帮助企业平稳快速发展。

四、发展瓶颈及远景规划

公司成立以来,虽然取得了一些成绩,但也存在一些问题:一是管理水平跟不上公司发展速度,与上市公司的管理要求还有一定差距;二是产业链管理有待提升,如农作物种植、猪场建设、无害化处理等方面都存在一些问题,需要高素质高水平的专业化人才加入;三是销售市场现在还是可以满足企业的需要,但主要是线下销售,需要拓宽销售渠道。

未来几年,公司决心扎根农业,计划在1~2年内把公司打造成为省级农业龙头企业,3~5年做成国家级农业龙头企业。具体规划有如下。

一是引进人才,打造网络销售大军。从国内外农业类高校招聘高水平人才充实公司队伍,不断提升员工综合素质和能力水平;打造网络销售大军,把传统的面对面销售方式转变成线上销售,提高销售效率。

二是扩大影响,提升竞争力。公司虽然有了一定规模,但实力还不够强大,从全国范围来看竞争力尚不是第一流,因此要加大宣传和推广,扩大知名度,提升公司声誉。

三是充分挖掘潜力,力争上市。根据公司自身情况和发展需要,积极采取措施、多方努力,争取尽早挂牌上市。

江西新农园实业有限公司

——专注生产放心鸡蛋

江西新农园实业有限公司成立于2010年,注册资本3000万元,主要从事绿色蛋鸡养殖,拥有现代化全产业链原种绿色蛋鸡养殖基地,以生产专供港澳的绿壳鸡蛋为主。主要产品有已通过国家绿色食品认证的"叶尔"绿壳乌鸡蛋,以及五黑鸡蛋、绿壳咸鸡蛋等。绿色蛋鸡养殖基地位于高山环抱、绿水相拥的江西省萍乡市安源区高坑镇泉江村,公司法人代表为卢峰,员工11人。

一、公司发展历程

2010年,卢峰尝试着养殖了几百只蛋鸡,通过不断地摸索和学习养殖技术,几年之后积累了丰富的养殖经验。目前,按照国家绿色食品标准建设了现代化全产业链的生态农场。农场设有办公区、生产区、生活区、育雏室、仓库、兽医室、污水处理池等,已建成4栋标准化鸡舍。鸡舍采用先进的换气设备,使鸡舍内随时保持空气清新、恒温恒湿。农场引进鸡苗3.7万羽,采用现代化的笼养方式,有效防止接触外界污染和细菌,鸡蛋不接触地面,不接触粪便和其他污染物,避免了寄生虫和其他传染病的滋生。农场建立了全程可追溯系统,每盒"叶尔"绿壳乌鸡蛋上面都有一个追溯码,可追溯到鸡蛋的生产信息,让鸡蛋品质可溯源。

公司主打产品绿壳鸡蛋

2015年6月,公司"叶尔"牌绿壳乌鸡蛋通过农业部肉及肉制品质量监督检验测试中心认证检验,获国家绿色食品认证。

二、经营模式与产品销售渠道

公司经营模式为"养殖+农产品深加工+销售","叶尔"绿壳乌鸡蛋不仅经过精心筛选,还经过紫外线灭菌,消除蛋壳表面的沙门氏菌、大肠杆菌等有害细菌,确保了鸡蛋的外壳安全。运输采用国内目前最好的珍珠棉减震包装(夏季放冰袋冷藏)配送。

产品的销售渠道主要有:直接与客户办理订购年卡,公司绿壳乌鸡蛋主要销往港澳地区,很多客户办理了订购年卡,保证了产品销售的稳定;社区销售,公司产品直接进入社区,为社区家庭提供绿色环保的食品;电商平台销售,目前主要是借助淘宝电商平台进行销售;微营销方式,公司最近开始使用微信平台进行产品推广和销售。

三、发展经验

1. 打造绿色食品。

随着社会物质的日益丰富,老百姓生活水平不断提高,人们的消费理念和消费行为也发生了很大的变化。在环境污染日益加重,添加剂、防腐剂、转基因食品满天飞的今天,"绿色无公害"的消费理念渐渐引起人们的关注。公司瞅准时机,大力发展绿色蛋鸡养殖,为人们的餐桌上增添了一种绿色食品的选择。

2. 打造中国绿壳鸡蛋第一品牌。

公司秉承"在食品安全问题日益严峻的今天,能让更多的消费者吃上健康、新鲜、安全的绿壳鸡蛋"的理念,不断引进专业的技术人才,采用科学化、标准化、规范化的养殖方式,使用国家绿色食品发展中心认证的非转基因玉米、大豆等五谷杂粮饲养,打造中国绿壳鸡蛋第一品牌。

四、发展瓶颈及远景规划

公司面临的发展瓶颈有二。一是消费者对绿色食品的认知度不高,相当一部分消费者不知道绿色食品与普通食品的具体区别,甚至认为绿颜色的食品或天然的食品就是绿色食品。此外,由于监管存在漏洞,"三品一标"(即无

公害农产品、绿色食品、有机农产品和地理标识产品)认证标志的滥用在很大程度上降低了消费者对产品的信任,对公司产品的销售影响很大。二是融资困难。公司在发展过程中急需外部资金补充,而向银行贷款缺乏合适的抵押物,利率和手续费也较高,尤其是农商银行自放开贷款利率上限后,融资成本上升显著。

未来,公司力争在3年内入选农业产业化省级龙头企业名单。与比同时,逐步扩大公司品牌影响力,让"叶尔"绿壳乌鸡蛋走进千家万户,并适时扩大加工、养殖规模,增加特色养殖项目,不断完善销售渠道,打造更多老百姓放心、安全、健康的农产品。

江西省葛溪正太禽业开发有限责任公司

——打造生态养殖产业链

江西省葛溪正太禽业开发有限责任公司坐落在萍乡芦溪镇葛溪村,主要经营蛋鸡养殖,是一家集生态养殖、生态配料研发以及生态食品生产销售于一体的综合性农业科技企业。公司建有生态养殖技术研究室、谷物配料研究室、蛋鸡配料生产中心、质量可追溯系统等,打造了全方位一体化的生态养殖产业链。

鸡蛋生产线

一、公司发展历程

大学生韩纯在外地打工积累了一定的资金和技术后,于 2007 年 10 月回乡创办芦溪县正太蛋鸡养殖场,是萍乡市首家蛋鸡养殖企业。2012 年,养殖场发展为江西省葛溪正太禽业开发有限责任公司。

公司坚持走绿色、生态之路,全力打造标准、现代化生态牧场和示范基地,

通过与相关农户及合作社签订合同、合作带动、入股联营等多种方式建有生产基地 260 余亩,拥有生态散养基地 2 个共计 14000 平方米,有标准化蛋鸡舍 5 栋 5800 多平方米,饲养全程不饲喂任何抗生素。办公及附属房屋 2200 平方米,现存笼蛋鸡 6 万余羽,年产优质鲜蛋产品 1200 余吨,有机肥 800 余吨,年产值达 1750 余万元。

二、经营模式及产品销售渠道

公司采用"企业+合作社+农户"的经营模式,免费为 98 户贫困户发放鸡苗 7300 羽,实行统一养殖技术、统一饲料供应、统一疾病预防、统一销售,带动周边农户 810 余户从事蛋鸡生产经营活动,农民每户均增收 2.4 万元,贫困户年增收 5000 元。公司已成为集养殖、农产品深加工、销售、观光农业全产业链的多种经营方式的现代化农业企业。

公司是以肉鸡、鸡蛋企业订单式直销为主,该模式占据整个销售额 70% 左右;同时在江浙一带的农产品批发市场、零售市场、超市等销售渠道进行零售销售,这种销售模式在扩大销售量的同时增强公司的品牌影响力和知名度。

随着电子商务的发展与普及,采用微店、淘宝等网络营销渠道已势在必行。产品质量是产品营销的基石,在产品标准化生产的基础上,公司利用信息采集和二维码技术,将生产的全过程以及销售信息上线,客户只要手机一扫就能知道鸡蛋、肉鸡深加工产品的全信息等。

三、发展经验分享

1. 顽强坚韧的个性,必备的知识和才能。

企业创始人韩纯认为,在创业过程中必然会遇到挫折,遇到困难就打退堂鼓的人是一切事情都做不成的。经营和驾驭一家公司,必须要有一定的专业知识或经营能力,自己能力范围之内的尽量自己做,但是对于自己没有把握的事,积极请教学习,提高处理能力,尽量少走弯路,聘请专业的人才加入创业团队。

2. 正确巧妙的思路是创业成功的重要因素。

大多数人并不缺乏知识和才能,但没有一个正确巧妙的思路。也就是说,他们的想法是混乱的。这种状况对于创业来说是致命的,因为任何混乱的想法都不可能让你成功。"思路决定出路",这是颠扑不破的真理,只有你有了清晰的思路才可能获得创业成功。

养殖场一角

四、发展瓶颈及远景规划

公司目前遇到最大的瓶颈就是环保问题,"鸡多,蛋多,粪污更多"给公司与周边带来难以逾越的发展难题。禽畜养殖在环保方面最大的难题就是粪污的处理,现行一般采用掩埋和排放在附近的河道的方式,给周围的空气和河道造成了很大的污染。现在公司正着手解决这个问题,打造生态型养殖企业。

公司远景规划:一是大面积种植牧草,实行"鸡、沼、草"生态循环,利用这种模式,想方设法消纳粪污,实现"节能减排、清洁生产"的良性循环;二是扩大生产经营规模,引进先进的生产线,提高生产效率,降低生产成本。2016年公司新建了一条1万吨有机肥生产线,扩建自动化蛋鸡舍4栋,新增存栏蛋鸡12万羽;计划到2018年,种植果木观光园及大棚蔬菜200亩;到2020年,启动生态观光园及餐饮休闲项目。

芦溪县泰安养殖有限公司

——走生态化养殖路

芦溪县泰安养殖有限公司,位于江西省萍乡市芦溪县新泉乡东安里村太阳前第17组,由曾春青于2006年所创立。该公司主要从事生猪养殖、母猪繁殖,是一家集养殖、农业产品深加工、观光农业等一身的标准化规模养殖公司。

一、公司发展历程

公司于2006年创立,创立初规模非常小,仅以12头小猪养殖起步,进行小规模养殖。经历十来年的风风雨雨,逐渐发展壮大到繁殖母猪存栏200余头,年出栏肥猪4000余头的规模。

公司通过与相关农户及合作社签订合同、合作带动、入股联营等多种方式建有生产基地260余亩。公司坚持走绿色、生态之路,全力打造标准、现代化生态牧场和示范基地,拥有生态散养基地2个共计14000平方米,有标准化蛋鸡舍5栋5800多平方米,饲养全程不饲喂任何抗生素。办公及附属房屋2200平方米,现存笼蛋鸡6万余羽,年产优质鲜蛋产品1200余吨,有机肥800余吨,年产值达1750余万元。

公司设"生态养殖技术研究室"、"谷物配料研究室"、"蛋鸡配料生产中心"、"质量可追溯系统",打造了全方位一体化的生态养殖产业链。现如今公司已是一家集生态养殖模式、生态配料研发以及生态

公司规模化养猪基地

食品生产销售于一体的综合性农业科技企业。

二、经营模式与产品销售渠道

公司采用"企业+合作社+农户"的经营模式,主导生产经营由公司组织生产,做到高标准化生产,清洁生产;辅助农户加入,免费为周边贫困户发放小猪,实行统一养殖技术,统一饲料供应,统一疾病预防,统一销售,带动周边农户从事生猪养殖,使周边农民每年户均增收1.8万元左右,贫困户年增收6000元左右。现在公司已经打造成了一家集养殖、销售、观光农业全产业链的多种经营方式的公司。

公司是以生猪屠宰厂订单直销为主,该模式占据整个销售额60%左右。同时公司也自行屠宰生猪,屠宰后的猪肉销售到周边省市的农产品批发市场、零售市场、超市等经营场所,用这种销售模式来扩大销售量和增强公司的知名度。

三、发展经验

1. 用心。

所谓用心就是要认真对待每一件事,搞生猪养殖,要把生猪幼仔当做自己的小孩来对待,每天都需认真观察,把疫情消灭在萌芽状态。

2. 专业。

生猪养殖是一份艰苦的工作,不仅不要怕脏,更重要的是要有一定的专业养殖知识,要极大程度地减少养殖成本,提高生产效率;同时需要有很强的对重大疾病预防和防治的专业技能知识。要始终做到谦虚好学,细心勤思,学习他人成功经验,汲取失败教训。多向专家学者请教,留意最新惠农政策,聘请专业人才加入企业管理团队。

公司标准化鸡舍

3. 坚持。

骐骥一跃,不能十步;驽马十驾,功在不舍。同样,成功的秘诀不在于一蹴而就,而在于你是否能够持之以恒。

四、发展瓶颈及远景规划

公司发展最大瓶颈是市场行情不稳定。生猪市场跌宕起伏,波动较大,稳定性较差,有时市场会一连低迷很多年,盈利好的年份不多,且连续性不强。面对这一问题,公司还不具备抵御大风险能力,只能小步慢走。为了走出这一瓶颈,公司需进行几方面的努力:一是要增强养殖经验,不断提高生猪的成活率;二是提高养殖技能,力争以最少的投入,产生最高的利润;三是需要国家进行宏观调控,维持市场稳定;四是呼吁国家加大对生猪养殖的扶持力度,杜绝补助资金不到位或晚到位的现象。

公司计划在未来的五年内,一方面坚持主业,逐渐扩大生猪养殖规模,另一方面积极培育公司利润新的增长点,加大果树、蔬菜等经济作物的种植规模;同时积极涉足水产养殖,以此形成果树、蔬菜、水产、养殖等一体化、生态循环的经营模式,把肉猪的粪便循环利用到果树、蔬菜的种植、鱼类的喂养中去,真正实现绿色农业、生态农业。

江西盛丰农业科技有限公司

——实现从餐桌到田园的定制生产

江西盛丰农业科技有限公司立于2010年6月,法人代表彭颂君,公司坐落在国家5A级自然风景区武功山毗邻的莲花县工业园,是以大米加工为核心,集农业科技研发、农副产品种植、产品深加工及品牌营销为一体的现代综合型省级龙头企业。

一、公司发展历程

公司拥有生产加工基地面积14670平方米,建筑面积6000平方米。2014年公司投入日烘干90吨稻谷的烘干机流水线2组,遥控农药喷洒飞机一架,年产大米26200吨,产值1.6亿元。公司主营产品——莲花老表大米于2012年获得上海(江西)名优农产品展示展销会金奖,于2013年获得江西首届鄱阳湖绿色农产品(深圳)展销会金奖。

2012年7月,该公司被江西省粮食局授为放心粮油加工示范企业和粮油应急加工示范企业;2013年被评为江西省农业产业化省级龙头企业;2014年莲花老表大米获得气候品质认证并通过无公害农产品认证,并被选定为"2015欧亚经济论坛·生态农业与食品安全"指定用品;2015年7月,公司在上海股权托管交易中心挂牌登陆中小企业股权报价系统,实现萍乡市农企上市零的突破。

公司旗下有莲花县放心粮油配送中心、莲花县盛

公司水稻生产基地

丰优质水稻种植专业合作社两个独立分支机构。其中,合作社签约水田将近30000余亩,入社社员800余户。

二、经营模式与产品销售渠道

经过多年实践,公司形成了"公司+合作社+农户+品牌+资本运作"的专业化生产、规模化经营、市场化营销的现代化运营模式。

莲花老表大米以"整店输出和粮油配送"为市场渠道导向,通过农产品批发(粮油批发行)、零售(食品店),农产品进超市、进社区、进校园,也通过区域合伙人招募实现产品代理,多渠道促进农产品流通销售。2013年,该公司全面导入电子商务运营模式,借助微信平台、电商平台,采用O2O(线上线下)和C2B(从消费者到企业)等经营理念,将传统米店与移动互联结合,推出莲花老表社群米店,既可网上加盟,也可实体加盟,整合门店和网上资源,真正实现从餐桌到田园的定制生产。

三、发展经验

1. 打造优秀的企业文化。

公司坚信企业想要兴旺发达、基业长青,就必须创建优秀的企业文化。因此,公司以塑造企业文化、打造企业凝聚力为抓手,打造了从公司高层到基层员工都高度认同的企业文化,铸就了以"您的满意第一"的服务理念、"质量为先、服务至上、亦商亦友"的经营理念、"敢于拼搏、勇于挑战、追求卓越"的企业精神,最终实现"为耕者谋利,为食者造福"的企业使命。

2. 严把质量关。

公司始终将企业产业链整体质量把控放在首位,注重不断完善生产经营管理制度,为消费者确保食品安全性、健康性、绿色性、生态性。

3. 打造品牌。

公司积极打造"莲花老表"为知名品牌,扩大品牌影响,树立企业良好形象。如选择在长沙、上海等发达城市召开莲花老表跨年财富分享会;积极参加"舌尖上的诱惑——寻找中华特色美食"为主题的地方特色菜肴"2016CCTV美食推荐"活动,借央视平台传企业美名。

四、发展瓶颈及公司远景规划

目前公司还存在几方面的发展瓶颈。一是土地流转困难。公司已获批准的3.5万粮库建设项目需用地约60亩,扩建一条高标准大米生产线需用地100亩,在土地流转中存在困难,希望当地政府支持协调。二是资金压力大。公司正处于较快发展过程中,虽然通过新三板拓宽了融资渠道,但资金缺口仍然较大,预估在3000万元以上。目前,公司贷款余额880万,其中财园信贷通500万,希望通过建立企业融资定向对接机制,切实保障有市场、有订单的信誉企业的融资需求,并创新股权质押、订单抵押等新型抵押方式,同时增加财园信贷通和财政惠农信贷额度,帮助公司订单履行和产业升级。另外,公司筹备在莲花县升坊镇建设莲花老表现代化农业示范园,公司拟按国家级现代农业示范园标准实施,希望有关部门给予项目资金配套支持。

公司计划于2017年完成300家形象店、1000个销售网点的建设,销售额争取突破1亿元;力争到2020年组建盛丰农业集团公司,在产品上形成以大米为核心,带动茶油、菜油、蔬菜等农特产品的销售,销售额达到10亿元,并成功申报农业产业化国家级龙头企业和实现转板上市。

公司销售实体店

萍乡益丰园绿色实业有限公司

——只为丰富市民菜篮子

萍乡市益丰园绿色实业有限责任公司创建于2013年6月，位于安源区五陂镇长潭村省级现代农业示范区，是一家专业生产销售无公害蔬菜的农业企业，种植蔬菜1630亩。2014年，公司被评为农业产业化市级龙头企业、萍乡市菜篮子重点扶持企业、江西省菜果茶标准化创建项目实施单位。

一、公司发展历程

公司负责人黄萍早年下海经商，经营酒店宾馆取得了一定的经济效益后，有了投资农业的想法。原因是：一方面国家重视农业，支持农业合作组织发展；另一方面随着人民生活水平的提高，人民对食品的质量要求越来越高。

经过广泛的调研，黄萍发现当地农业生产的几大问题：一是蔬菜生产无保温设施，冬季蔬菜难于生产，水利设施太落后、生产靠天吃饭；二是受传统农业生产影响，农民不愿意改变现有的生产现状；三是缺乏农业生产技术，没有系统的技术指导，难于高产；四是菜农缺乏环保意识，高毒高残的农药经常使用，种植的蔬菜无法进入高端市场。

针对以上现状，黄萍于2013年4月注资200万成立了萍乡市益丰园绿色实业有限责任公司，定位为发展高效农业、有机农业，生产销售无公害蔬菜，以公司带动农户，以实际的经济利益来改变农民的种植意识和观念。

益丰园蔬菜种植基地

益丰园农场直营店

2013年5月,公司流转土地1000亩,投入资金670万元,开始了基础设施的建设,建设了2座灌排泵站,建设水渠1760米,安装棚内及露天喷滴灌260亩,建设大棚117个,占地面积118亩,建设农资存放区,蔬菜检测区,蔬菜清洗包装区等生产车间1200平米。

农业生产是投入大、回报慢、风险高的行业。在基地建设初期,因为没有经验,一场罕见的大风一夜之间把还未建好的100亩大棚全吹倒了,一个晚上公司损失近百万。硬件设施建设好后,为提高生产技术,公司高薪从山东寿光、湖南、海南等地聘请来技术专家和种植能手,为农民免费讲述生产知识和病虫害防治知识。

目前,公司主要产品有茄子、黄瓜、辣椒、卷心菜、萝卜、青菜、南瓜、冬瓜等50多种需求量大的常规蔬菜,还有芦笋、香菇、甘蓝等特种蔬菜,做到以常规蔬菜为主,特色蔬菜为辅。

二、经营模式与产品销售渠道

公司采取"种植+农产品销售"的经营模式,负责进行土地流转、种植规划,提供种苗和种植技术,蔬菜采摘后按质论价进行回收后统一销售。为解决农药、肥料市场良莠不齐的局面,黄萍在2013年7月又成立了益丰园农资公司,加盟先正达、杜邦等知名农资生产企业,在生产过程中为农民统一提供农资,以保证蔬菜品质。

自农资公司成立以来,该项目区农户种植蔬菜经济效益初步显现,蔬菜种植初具规模化、商品化,基地生产能力达到年种植三茬蔬菜作物,亩年产商品鲜菜7500公斤,按每公斤1.5元,亩年产值达11250元,扣除每亩地年生产成本5000元,每亩纯收入达6250元。与当地传统菜农亩纯收益3500元相比,亩增加效益2750元;与原传统种植水稻亩纯收益500元相比较,亩增加效益5750元。项目实施后,年新增商品蔬菜933吨,新增纯收益77.81万元。项目区98户农民,户均增收0.79万元。

萍乡市农业局客人参观蔬菜大棚

在蔬菜产量不断增加的同时,黄萍发现产品销售才是制约公司发展的重大因素,优质农产品进入普通批发市场就会造成优质不优价的现象。好的产品没有好的价格,如何让蔬菜产品进入高端市场是公司亟需解决的问题。目前,公司建立了多元化的销售模式,具体如下:

一是农超对接销售。将基地生产的蔬菜直接供给萍乡市的超市,是2015年以前公司农产品主要的销售方式。

二是直营店销售。为了加强终端销售,实现让市民真正吃上新鲜安全的蔬菜,公司实施了缩短从基地到餐桌的最后一公里的项目。2015年10月,益丰园投资300万在萍乡市区的凤凰山庄、玉湖新城、香溪美林、龙门世家、塞纳名城、总府,设立直营店6家,直供农场新鲜蔬菜和优质蛋禽。据不完全统计,益丰园直营店半年的营业额近500万,服务家庭13万余户,2016年,直营店增加到30家。

三是互联网销售。为进一步扩大销售规模,公司负责人转变思想观念,利用互联网进行销售,公司在全市推广了微信公众平台,实行会员制,通过微信销售基地自产蔬菜及本市名优产品,并为会员提供营养菜谱、健康讲座及送货上门等多种便捷服务。微信平台会员已有1.7万人。

三、发展经验

1. 组建商会,共谋发展。

针对目前许多新型农业经营主体不了解国家政策、缺乏先进技术、销售渠道不畅、融资困难等的现状,黄萍提议成立江西省农业企业商会,为会员企业提供政策、技术、信息、生产、咨询、培训、金融、认证等农业产业发展中全方位的服务,推动全省生态农业产业的发展,提升生态农业产业化水平,发挥生态农业产业的引导、带动、示范作用,提高全省农业企业的凝聚力。2016年2月,江西农业企业商会正式成立。

2. 加强学习,提高生产和经营管理水平。

企业负责人及其管理团队属跨界进入农业领域,缺乏相应生产、经营管理经验,必须加强学习经营和管理知识和新的农业科技知识,并聘请有丰富实践经验的人员加入团队。

3. 拓宽销售渠道,打造特色品牌。

增加直营门店,扩大电子商务规模,实行会员蔬菜配送制,变"农超对接"为"农社对接"、"农居对接";根据目前蔬菜市场情况,把种植有机蔬菜作为企业的发展方向,打造属于自己的高端有机蔬菜品牌,占领高端蔬菜市场。

4. 开展农事体验活动项目,增设餐饮服务。

公司与当地教育行政部门合作,利用基地现在的资源,规划50亩土地,用于开展小学生学农体验活动,并以基地生产的蔬菜作为主要的食材,开设餐饮服务,实行"种植+农产品销售+餐饮服务"经营模式,将一、二、三产业融合,提高了农业生产的经济效益。

泰和县西昌凤翔禽业有限公司

——养乌鸡致富

泰和县西昌凤翔禽业有限公司成立于2010年,立于中国乌鸡之乡泰和县,注册资金50万,公司法人代表彭建军,注册商标"西菖凤翔",是一家专业从事泰和乌鸡养殖、繁育、推广、加工、销售为一体的现代农牧企业。

一、公司发展历程

从一个怀揣梦想靠300元起家的打工仔,到一个崭露头角拥有40多名员工的企业带头人;从一个只有职业中专文凭的毛头小伙,到一个敢于创新、追求进步的业界精英,平凡的彭建军用20年的坎坷经历成就了非凡的事业,实现了人生的价值,诠释出一段白手起家的创业传奇。

1994年7月,从泰和职业高中畜牧兽医专业毕业的彭建军南下广东打工,在一家"泰和乌鸡"养殖场担任技术员;1995年2月,他回到家乡创业,当时他怀揣着300元打工款,加上借来的600元,自己搭建了简易的鸡舍,在泰和县澄江镇三溪村家里饲养了200多羽泰和乌鸡,当年获得3000多元收入。尝到甜头的他信心大增,并逐年扩大养殖规模,先后租赁周边多个单位闲置房屋饲养泰和乌鸡。2003年,非典来袭,亏损严重;2004年行情稍有好转,2005年又因禽流感给彭建军的养殖场造成巨大损失,但他始终没有放弃。

2010年,彭建军筹资150多万,在澄江镇桥头村租了180亩丘陵地,建起了一座标准化鸡场,并注册成立了"泰

纯种乌鸡

和县西昌凤翔禽业有限公司",新建标准化鸡舍 6 栋,配有孵化室、育雏舍、育成舍、种蛋鸡舍和商品鸡舍,总面积为 5000 多平方米。

2014 年底,公司投入 100 多万元开展线上销售,先后在天猫、淘宝、京东商城、1 号店、苏宁易购等全国知名电商平台开起了旗舰店。现已在网上销售出去 1500 多万乌鸡产品,2016 年 6 月在淘宝平台创造了一天成交额 8 万元,在淘宝平台上排名维持了一个月的同类产品销量第一名的好成绩。

2015 年,公司投资 30 多万元安装了一套有机产品监控系统,建立产品从孵化、养殖、加工,产品快递到消费者手上,全国各地的客户都能通过安装在厂里的监控视频看到乌鸡的生长过程,通过国家认监委官网查询有机码,可辨别真伪,解决了信任问题。

目前,公司现拥有标准化鸡舍 12 栋,总面积 10000 多平方米,固定资产 1250 万元,年创产值 4000 多万元,年纯收入 100 多万元。现有员工 40 人,其中电商人员 24 人。

凤翔禽业乌鸡规模养殖基地

公司主营产品为泰和乌鸡、乌鸡蛋、种苗及其衍产品,"西菖凤翔"牌泰和乌鸡蛋分别获得江西鄱阳湖绿色农产品上海和深圳展销会产品金奖。公司先后被列为国家农业标准化示范区、泰和乌鸡养殖示范基地和吉安市农业产业化龙头企业;2013 年,公司"西菖凤翔"牌乌鸡蛋通过国家证监委有机产品认证,成为吉安市唯一、江西省第三家有机鸡蛋,并成为江西省家禽业协会常务理事单位;2014 年,公司生产的泰和乌鸡蛋再次通过有机产品认证,"西菖凤翔"商标荣获江西省著名商标;2015年,公司被评为泰和县唯一一家部级畜禽养殖标准化示范场、江西省一级种禽场,泰和县第一块"江西省电子商务示范企业"的牌匾被公司收入囊中,彭建军本人也被评为全国百强现代青年农场主。中央电视台第7频道《致富经》栏目,大江网等众多媒体先后报道了公司的事迹。

二、经营模式及产品销售渠道

公司采用"公司+基地+农户"的生产模式。2013年,公司吸纳40多户农民组建泰和西昌凤翔乌鸡生态养殖专业合作社,采用"统一技术、统一种苗、统一饲料配方、统一禽病防疫"四统一的模式进行规范化管理和标准化生产,年饲养泰和乌鸡200多万羽,带动周边500多户农民依靠养殖泰和乌鸡走上脱贫致富之路,解决了1000多个剩余劳动力的就业问题。

公司采用"养殖+农产品加工+销售"的经营模式。公司建造的12栋鸡舍远离村庄和闹市,四面环山,四季常青,为乌鸡搭建起天然的防疫屏障,鸡场有严密的防疫系统,外围设有防疫沟、绿化带,并定期消毒防止疾病污染,管理员必须经过三道防疫程序方可

彭建军在乌鸡养殖基地

进入鸡舍。通过标准化示范创建,公司引进了自动加料机、自动孵化器、自动清粪机等先进设备,把养鸡场建成了畜禽品种良种化、养殖设施化、生产规范化、防疫制度化、粪污无害化的部级标准化示范场。

为提高产品市场竞争力,打造自己的品牌产品,近年来,公司一方面派员外出学习、考察,学习养鸡新技术、新方法,另一方面根据《泰和乌鸡国家标准》,聘请江西农科院、浙江大学、江西农业大学、江西农业工程职业学院等科研院校的专家、教授前来现场指导,帮助解决泰和乌鸡提纯复壮、选育、疫病监测等问题。同时公司秉承"绿色生态、安全健康"的养殖理念,采取了"鸡—沼—果(林)"循环生态养殖模式,栽种了近百亩水稻、红薯、大豆、南瓜作为辅

料,严格选用饲料,层层把关饲喂过程,大大提高了产品品质。目前养殖基地有泰和乌鸡种鸡7万多羽,年饲养泰和乌鸡180多万羽,年销售礼品鲜蛋600万枚以上,产品参加首届江西鄱阳湖绿色农产品展销会获得金奖。

此前,公司把主要精力都放在乌鸡的饲养上,忽视了市场推广和销售,导致效益不高。近几年,为拓宽市场扩大销售,公司在加强传统营销手段的同时,创新方式拓宽市场。

一是采取订单生产,农超对接的方式销售。公司先后与天虹、沃尔玛、华润万家、联合利华等十多家大型超市建立了长期稳定的合作关系。

二是利用"互联网+"思维,开展电子商务推广和销售。公司发挥QQ群、微信、微博、网站等新媒体方便、快捷、高效的优势,对产品进行电子商务推广和销售。2012年公司在网上开设淘宝店和百度推广链接;2013年通过东方卫视电视购物网上平台销售乌鸡产品;2014年运作天猫、京东、1号店旗舰店,并组建电商全系运营中心,走上了利用"互联网+"模式销售本地特色农产品的快车道,2014年网络销售3120万元,占全年销售额的73%。

三是公司和当地一些餐饮店合作,推出了二十多道关于乌鸡的菜品,使产业链进一步延伸。

三、发展经验

养殖泰和乌鸡一靠鸡苗身体壮,二来管理要跟上,三凭技术服务好,四是饲料营养高,正如俗话说"鸡苗不壮亏七分,管理不行损一半"。

另外,企业发展要养殖与营销并重。要充分利用当地的人力资源、旅游资源、餐饮资源,利用互联网营销。彭建军的养殖秘诀就是以情感养鸡,营销并行。

四、远景规划

未来,公司将投资2亿元打造一座集核心育种、旅游休闲、美食文化、电商运营、创客孵化、乌鸡展览、精细加工、生鲜配送为一体的泰和乌鸡文化科技产业园。

江西齐力实业发展有限公司

——打造果酒知名品牌

江西齐力实业发展有限公司创建于2009年,是一家集食品加工、研发;农业种植、开发、实业投资和工程机械租赁于一体的综合型企业,主要产品有杨梅酒、马加柚酒、茶叶、柚子皮等,先后被评为省级龙头企业,全国食品工业优秀龙头食品企业。公司"齐力春"商标被评为江西省著名商标。

一、公司发展历程

1997年,公司创始人张处平得知家乡上饶市广丰区一家生产高粱酒的沙田酒厂因技术力量薄弱、销售无门而濒临倒闭,在家人支持下成功收购沙田酒厂,随即开始实施振兴酒厂的计划。2000年,他成立了江西齐力酒业有限公司,注册了"齐立春"商标,并拿到了白酒生产许可证,先后研发出以名贵中草药如鹿茸、枸杞、茯苓等为原料的养生酒,开拓了江西、福建市场;2009年成立江西齐力实业发展有限公司公司,现公司占地面积40亩,员工106名,资产达4000余万元。公司技术力量雄厚,设备精良,拥有先进的生产、检验设备、化验室、生产车间、包装车间等多个专业性辅助单位。公司旗下设有江西齐力酒业有限公司、广丰齐力林业专业合作社、江西河红茶业有限公司。

左边为张处平

江西农业工程职业学院老师参观齐力公司

二、经营模式与产品销售渠道

公司实行种植业、农产品加工业、服务业(销售和旅游)三产结合的经营模式。公司的主要业务有种植杨梅、酿制杨梅果酒,开发河红茶和休闲农业。

种植杨梅、酿制杨梅果酒。每年6月杨梅成熟季,在广丰区沙田镇的群山上,漫山的野杨梅树结满杨梅,当地村民会上山采摘,用白酒浸泡杨梅的方法制作杨梅酒。由于家酿制程序简单、产量较少,野杨梅酒难以走入更大的市场。公司充分利用当地特有的资源,于2003年开发研制出铜钹山野生杨梅原汁酿造的杨梅酒,同时建设广丰十六都沙田齐力杨梅种植试验示范基地,种植杨梅1万多亩,带动农户4000多户。2015年,公司获得了全果汁发酵发明专利和一种开胃低醇杨梅酒及其制备方法两项专利,酿酒技术不断成熟。目前,公司齐力春杨梅酒拥有白酒基酒、养生酒、杨梅酒、干红杨梅酒等8个系列产品18个品种,年产酒达5000吨以上,产品畅销浙江、上海、福建、广东等沿海地区。

公司产品

开发河红茶。公司发展酒业的同时也开发了新的产业——铜钹山河红茶业。2010年,企业投资在铜钹山新植茶园500亩,改造老茶园600多亩,成立江西河红茶业有限公司,正式涉足茶产业。公司实行规范化种植、生态化管

理、精细化采摘、标准化生产、自动化加工、品牌化销售,为铜钹山打造了又一个"绿色银行"。目前,已开发、研制出了铜钹山金针梅、金骏眉茶叶、铜钹山绿茶、铜钹山红茶等绿色健康产品,并成功注册5个铜钹山系列商标。

开拓休闲农业。公司以可持续发展为理念,以保护生态环境为前提,以统筹人与自然和谐为准则,依托铜钹山纯天然的优越生态环境,致力于有机农业的发展,将农业生产基地打造成生态旅游观光景区。2008年注册成立广丰林业专业合作社,在铜钹山出口处建起了占地2000多亩的杨梅生态旅游观光种植基地;2012年建成了占地600亩马家柚生态旅游观光基地;2013年建成占地500亩的蓝莓生态旅游观光基地;在铜钹山海拔1000多米的悟道尖建成有机茶园1200多亩。

三、发展经验

1. 重视新产品研发。

公司在发展过程中十分重视新产品的研发,把中国的酒文化与养生文化有机结合,不断更新产品,先后研发出以名贵中草药如鹿茸、枸杞、茯苓等为原料的养生酒、杨梅酒、马家柚酒、蓝梅酒。

2. 重视产品销售。

产品销售关系到企业的生存,公司十分重视产品销售,采用多种销售方法。江西齐力酒业有限公司员工300余名,其中直接从事产品销售的有80余人。公司实行代理商批发销售、专卖店销售和网络销售的销售模式。由公司与农户签订生产合同,农户生产的杨梅、马加柚和茶叶由公司统一按合同收购,由公司进行深加工,最后再通过公司指定代理商或专卖店进行销售。与此同时积极开展网络营销,在天猫、阿里巴巴、淘宝开设产品专营店;河红茶业公司的线上线下的"私家茶园"众筹项目的成功进行,对河红茶在全国推广也起到了积极的作用。

四、远景规划

未来,公司将继续秉承"齐心协力,求实创新"的发展理念,传承"药食同源,寓饮于补"的养生理念,立志将"齐力春"牌养生酒、杨梅酒打造成中国果酒第一品牌,将传统养生理论与现代生物技术结合、将中国千年酒文化与养生文化结合,让消费者在享受到饮酒乐趣的同时,又可促进身体健康,使"齐力

春"牌养生酒、杨梅酒成为人们消除疲劳、充沛精力、保持机体平衡,改善体内"生态"环境,预防"亚健康"的健康饮品。

具体规划有三:一是利用广丰马家柚基地种植的马家柚和蓝梅基地种植的蓝梅,推出"齐力春"蓝梅酒,柚子酒等中高端果酒;二是在铜钹山建设一座集茶识普及、茶文化展示、茶艺演绎、旅游休闲为主的茶文化生态旅游中心——江西铜钹山生态茶博园,将铜钹山系列茶,打造成"中国知名高山有机茶品牌";三是充分利用铜钹山是国家森林公园的有利条件,将公司的杨梅、马家柚、蓝莓、有机茶园基地开发成观光旅游基地,打造成生态旅游观光景区,走一、二、三产业融合发展的道路。

宜黄县军峰山茶叶有限公司

——专注做好茶

宜黄县军峰山茶业有限公司主要种植高山野生茶、有机白茶、高山红茶，种植基地位于江西省抚州市宜黄县神岗乡的山谷中，拥有无公害茶叶基地2100多亩，其中安吉优质白茶1000多亩，更新改造原有野生茶1100多亩，丰产期年产毛茶12吨，实现年销售收入1000万元，是宜黄县集白茶种植加工销售为一体的规模化优势企业、江西省茶叶研究所定点服务企业和科研项目示范基地。

军峰山茶园

一、公司发展历程

奇峰耸立的军峰山山麓位于武夷山余脉，海拔1786米，群山起伏，风景宜人,得天独厚的地理环境孕育出茶中极品——军峰贡茶。2009年,徐春秀依托宜黄县军峰山脚下芦坊村的1000亩军峰贡茶基地,将传统手工作业转型为宜黄县军峰山茶业有限公司,"军峰"牌茶叶售价达到每千克2000~4000元。

2010年,经过多方考察,徐春秀发现宜黄县神岗乡的山地气候条件和浙江安吉差不多,适合种植安吉白茶。于是她向神岗乡罗坊村村民承租1000亩荒山,通过开荒、考察、学习和选种,1000亩白茶茶苗成批下种,但秋后的一场霜冻把一批栽种不久的新茶苗给冻坏了。在与自然灾害进行抗争的过程中,宜黄县军峰山茶业有限公司付出了艰苦的努力。

2011年,公司被评为抚州市龙头企业;2013年夏天,持续的高温干旱又让近300亩茶树"元气大伤";2014年,白茶开始投产,产量为2000斤;2015年达到8000斤;2016年1月,宜黄县"军峰"有机白茶在第四届万里茶道博览会上荣获金奖;产量达1.2万斤,价格高于野生茶。

目前,公司现有固定员工30余人,配有职工宿舍、食堂,常年聘请安吉茶叶技术专家作为技术顾问,着力培育一支高素质的精英团队。公司占地30亩,有名茶叶加工厂厂房约4000平方米,名优茶叶加工机械流水线三条,高标准仓库面积200多平方米,冷库100多平方米,并购有检验仪器及茶叶包装设备一套。

二、经营模式及产品销售

宜黄县军峰山茶业有限公司引种纬度相近的浙江安吉白茶,坚持以品质带动品牌,种植有机茶的经营模式。

茶场周边无农田,实行人工除草,病虫害局部控制,安装高效太阳能诱虫灯进行物理防治病虫害,采茶后施用专门的有机肥并用菜籽饼作基肥。在茶叶加工,公司上引进先进的加工生产线,让茶叶加工实现清洁化,采用就地加工包装的方式,保

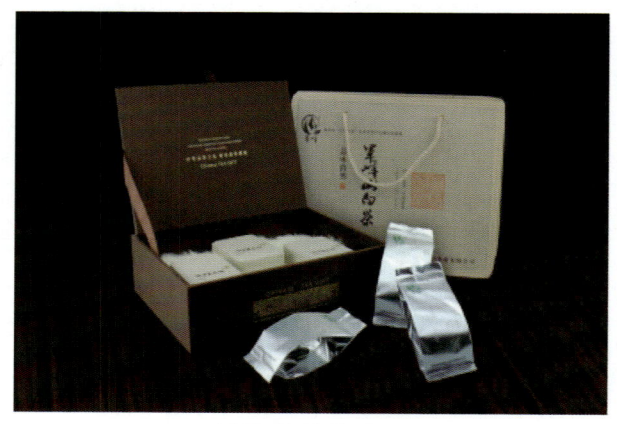

军峰高档茶叶

证了茶的新鲜与卫生。为了满足不同消费者的要求,包装上有独立小包装、统装,也有大盒装和小盒装多种规格四种组合供消费者选购。

茶叶销售模式一是借助公司创始人徐春秀原来在上海、北京和江苏多年积累的销售渠道进行人脉销售;二是在宜黄县城设有专营店,销售"军峰"牌茶叶;三是在淘宝等线上销售平台开设专卖店,进行线上销售。公司所产"军峰"牌军峰山有机白茶和军峰山野生茶以纯天然,原生态无污染为质量保证,赢得了老顾客的青睐,销售量逐年递增。

三、发展经验

深山中种植有机茶是个纯手工活,个中的艰辛是常人难以想象的。吃住在基地,日出而作、日落而息,需精心管理着每一片茶山。要种茶,就要上规模,只有抱着大展拳脚做一番大事业的念头,切断所有退路,才能一往向前。

四、远景规划

目前,由于公司从事茶叶生产经营时间较短,且有机茶养在深山,很多人没有亲眼目睹茶叶的生产环境和过程,而传统媒体广告投入又较大,品牌积淀尚未形成,导致"军峰"牌有机茶市场认可度还不高,制约着公司主业做大做强。

未来,公司一方面将整治周边农田,肃清污染源,坚持人工除草,不使用除草剂,安装40盏太阳能诱虫灯,对病虫害局部控制,不使用农药,新增购买新型茶业加工线,稳定"军峰"牌有机茶规模,坚持发展深山有机白茶,打造优质茶叶品牌;另一方面依托茶业基地逐步发展休闲农业,搭建生态茶园旅游平台,以"品军峰山茶,悟中华文化"的品牌精神和"以茶会友,以友悟茶"的企业理念,让游客体验制茶的乐趣,提高茶叶品牌的知名度,拓展公司经营模式。

徐春秀参加茶博会合影

临川金山生物科技有限公司

——专注临川虎奶菇

抚州市临川区金生物科技有限公司,创建于2011年12月,是一家集食用菌菌种研发、生产、销售、加工、技术推广、示范栽培为一体的省级龙头企业。

一、公司发展历程

抚州市临川金山科技有限公司成立于2011年12月,其前身为抚州市临川区金山生物科技发展中心,由方金山等股东共同创立,公司类型为有限责任公司,现注册资本金3000万元,公司专注于菌类种植领域研究与开发,致力于成为国内最优秀的虎奶菇栽培提供商。

2010年4月,第一株"临川虎奶菇"新品种问世,并成功进行生产。该品种连续获第九届和第十届中国国际农产品交易会金奖、江西省著名农产品、江西省著名商标等称号。2012年11月,"临川虎奶菇"生产基地被确定为"共青团中央

临川虎奶菇生产基地

青年就业创业见习基地",2013年6月,"临川虎奶菇"被江西省农科院选送到神舟十号载人飞船上进行科学试验。2015年,公司申报的"临川虎奶菇",在中国优质农产品开发服务协会开展的"在中国优网上评选系列活动"中,被授予2015最受消费者喜爱的中国农产品区域公用品牌。

2011年12月至2012年4月,公司承担了"菌核侧耳新品种东华虎奶菇——核号菌种制备及栽培技术示范"国家农业科技成果转化资金项目、市级

农业科技成果转化资金项目,2012年承担了国家科技人员入园入企项目,2013年获得了江西星火计划项目获得了江西省科技进步三等奖一项,抚州市科学技术一等奖一项,抚州市科技奖三等奖一项、临川区科技进步一等奖二项,并获国家专利。

2010年5月至2011年5月,公司承担了"虎奶菇新品种细胞融合选育与栽培技术研究"。该技术已通过省内组织的专家验收鉴定,验收合格,技术在同行业属领先,并申报了3项专利,发表论文6篇,论著1部。

虎奶菇产品先后获得江西省十大最受欢迎农产品,江西省名牌农产品,国家无公害农产品,江西省无公害产地,国家地理标志保护产品,第九届、十届中国国际农产品交易会金奖,第七届江西名优(上海)农产品展示展销金奖,第五届中国(衢州)农博会粮交会金奖,第七届全国城市运动会指定产品。

目前,公司拥有基地20亩、厂房4800平方米,现为了扩大菌核的加工,准备扩建基地20亩。每亩产菌核0.5万公斤,年产鲜菌核10万公斤,干品达到1万公斤。直接产生经济效益1200万元。目前公司年产菇3万斤,其中临川虎奶菇产量达95%,创产值700多万元。

公司成立以来,经过全体员工的顽强拼搏和艰苦创业,公司克服了重重困难,顺利发展起来。公司始终坚持以技术创新为重点,以市场扩张为支撑,做大做优品牌,做精做强企业,通过一流的管理、一流的产品和一流的服务,扩大国内市场占有率,积极参与国际竞争。

二、经营模式及产品销售渠道

公司采用"种植+农产品深加工+销售"的经营模式,销售渠道主要包括订单直销、农产品批发或零售,开展农超对接、农产品进社区等形式。

三、发展经验

所有的成功都源自努力,即便创业失败了,那也是人生中的一次成长,依旧可以从中总结经验教训,为自己下一次的创业提供帮助。不要以为一次失败,人生就已经定格了,失败的越多,就更应该学会自我总结,寻找原因,不断的从失败中学习,让自己成长,作为炎黄子孙,要有一种生生不息,自强不息的精神状态,敢于开拓未来的道路。

方金山在食用菌基地

四、发展瓶颈及远景规划

目前,公司面临资金投入压力大、农业保险作用难以发挥、设施用地不足等发展制约因素,基地配套建设需要占用一定面积的农地,如何合法有效获得土地,政策上有很大障碍。

未来,公司发展战略的指导方针为:以虎奶菇(菌核)培育和种植为基础,向健康食品、以食品为载体的食用菌保健品大健康产业方向发展,不断开发医药中间体,用3~5年的时间,成为中国第三代保健品产业的龙头企业。并以此为目标向消费者传递"敬畏健康,善待生命"、"健康无极限,生命长久远"的健康理念。

江西长实竹子科技有限公司

——做"竹"文章

江西长实竹子科技有限公司位于吉水县乌江镇。公司负责人王志兵从西安交通大学毕业后,通过大学生创业贷款扶持,在2005年成立了江西省长实竹子科技有限公司。公司自成立以来,通过竹子种植、培育、研究及加工,已经形成了以降贵竹种植为基础、以高新科技产品长实竹液为龙头的产业链经济,已经成为集产、销、研为一体的综合性科技基地。

一、公司发展历程

现阶段公司的产品主要有降贵竹竹苗、竹盆栽、鲜竹笋、笋干、原生态土鸡及土鸡蛋、长实竹液等。其中长实竹液是经过多年实验,对水稻和其他农作物的免疫力和产量有大幅提高的不可多得的植物保健品,主要用于防止水稻等农作物的霉菌病。

二、经营模式与产品销售渠道

公司主营产品竹液

公司主要经营模式是"降贵竹种植+农产品深加工(笋干和竹液)",集种植、研发、深加工、销售于一体。目前主要靠鲜笋和笋干销售来回哺竹液生产。

目前公司主要种植降贵竹100多亩,采取30亩~40亩轮作方式,年产鲜竹笋3万千克左右,市场价为每千克16~20元,每年提取竹液约2.5~3万千克,竹液零售价每瓶20~25元,批发价每瓶10~15元。竹液销售渠道主要靠熟人推荐和网上销售,销售对象主要是种粮大户和蔬菜种植大户。公司种植基地位于高速公路旁边,依赖于得天独厚的地理位置,竹笋和笋干主要销往上

海、宁波等沿海发达城市和地区,销量一直供不应求。

三、发展经验

公司从创业初的艰难到如今的小有规模,期间走过了一些弯路,主要有以下一些经验。

1. 创业初期举步维艰。

创业初期,公司负责人主要通过大学毕业生创业优惠政策申请贷款作启动资金,但是产品研发后期资金短缺成为制约产品成功上市的关键因素。即使花费很多资金投入,研发出来的产品也不一定能得到社会、市场和银行的认可,因而难以通过公司产品的估值申请到用于公司长期发展的贷款。

2. 产销良性循环才能得以长久发展。

公司负责人开始由于缺乏成熟的市场经验,一直没有组建专门负责产品营销的团队,因而经过长期研发出来的产品很难得到市场的认可,销量一直上不去,从而制约了公司的良好发展。因此,公司要得以长期发展,必须围绕产品的销售做文章,做到以销促产,以产品质量促进产品销售,形成产销良性循环。

3. 依托平台做产品研发。

做产品的研发,依托平台很重要。公司主要产品的研发如果仅仅依靠个人,就很难形成产品群,也很难申请到国家专利和树立品牌形象,因而研发出来的产品也很难得到市场的认可。农场种植出来的产品需要进行深加工,产生产品附加值,这就需要研发团队,研发团队不是单靠公司自己来组建,而是需要借助科研院所作为研发平台,依托这样的平台不仅可以缩短产品上市的时间,还容易得到市场的认可和构建产品品牌形象。

四、发展瓶颈及远景规划

公司发展目前主要面临两大困难。一是资金短缺。大学生创业贷款金额有限,创业初期需一次性投入大量资金,公司后续发展的资金很难靠自己去筹集。由于产品(竹笋和竹液)的特殊性,产品的估值一时很难得到社会、市场和银行的认可,很难从社会和银行方面申请到贷款。

二是深加工产品销售不畅。由于没有组建产品销售团队,对竹液产品的宣传力度不够,销售渠道比较单一,导致竹子的主要深加工产品竹液的销售一

直不畅,从而影响了公司的规模扩大和发展。

未来,公司一是进一步扩大种植规模,计划到2020年带动附近农户种植降贵竹200亩~300亩,周边农户种植规模达到500亩,总体种植面积达到800亩~1000亩;二是建立成型的竹液深加工厂房,降贵竹主要深加工产品竹液年产量达到50万千克以上;三是组建竹液销售团队,形成线上线下一体销售模式,以销售带动竹子的种植和竹液的生产加工;四是通过校企合作,借助高校科研平台,形成竹液研发团队;五是申请省科技厅高新特项目资金的资助,提升产品质量和品牌形象。

江西明秋农业综合开发有限公司

——打造绿色高效农业

江西明秋农业综合开发有限公司地处在鹰潭市余江县马荃镇，是一家以种植多种农产品为主要支柱，融合一、二、三产业的综合性企业。

一、公司发展历程

江西明秋农业综合开发有限公司地处在鹰潭市余江县马荃镇，东邻龙虎山，南连东乡王桥，西接邓埠镇，北邻洪湖，交通便利。年平均气温18.2℃，无霜期约262天，年降水量约1833mm，日照充足，雨量充沛，适合种植山药。

江西农业工程职业学院老师指导公司山药种植

公司早期以每亩地500元的租金流转了1260亩土地种植常规稻和杂交稻，300亩土地种植砂糖桔和柿子。

2014年公司经过充分调查，多发讨论，大胆决策种植明秋红泥山药。山药具有健脾益胃助消化、滋肾益精、降低血糖、延年益寿的营养保健作用，深受

广大消费者青睐,市场前景广阔。公司按照余江本地地理气候条件种植淮山药,清明节前后播种,同时从广西聘请专业人员进行技术指导,使山药生产走上了正确轨道。在2015年上海农博会上,江西省青年农场主联盟展台格外引人注目,江西明秋农业综合开发有限公司生产的红泥山药口感粉糯,味道鲜美,营养价值高,引得上海市民哄抢,荣获上海农展会金奖。其公司负责人于明泽被大家亲切称为"山药大叔"。

二、经营模式与产品销售渠道

公司以种植多种农产品为主要支柱,建立了一、二、三产业融合的经营模式。在水稻、果树和山药种植过程中打造农家乐旅游休闲项目,特别是农产品生长过程中,种植基地景色优美,环境舒适,吸引了广大城市工薪阶段来游玩。农产品收获后进行深加工,如把山药加工成山药饼干,山药粉丝,延长产业链,提升产品的工业附加值。这样使三个产业完美融合,提升公司竞争力。

公司销售途径主要是批发兼零售,水稻、果树和山药三种农产品和相关销售企业和公司进行订单销售,同时运送到广州、上海、成都等大城市进行批发,另外也会送货上门配送到有关单位和企业。

三、发展经验

种植业是一个靠天吃饭的行业,自然气候对农产品种植影响非常大、农业生产投入大,特别是大规模种植需要的资金就更大,如种植田块的标准化改造,灌溉水利设施的建设,种苗和农资的购买,生产员工的工资等等,各个环节和方面都要大量投入。在公司的发展过程中,也总结出了种植业发展的几点经验。

1. 发展规模要适度。

不能把摊子铺的太大,若公司规模较大,管理上存在漏洞,主要管理者负责事情过多,会导致公司事务不能及时有效的处理和解决。

2. 产品要多元化。

公司主要产业不能单一,要多条腿走路,可种植一些生长、周期长的产品,如在种植果树的同时也种植一些时间短见效快的产品,如水稻、山药。这样不仅防治产品单一造成的风险,也可以保证公司长期发展。

3. 强化农产品种植技术。

农作物栽培过程中重施基肥和套袋技术,特别是山药播种时重施枯饼和茶籽饼,并做好病害防治工作,如组织人员清理农田中的烂山药,施用一些杀菌剂,如石灰等。

公司山药种植基地一角

四、远景规划

公司在未来几年的打算如下。

一是打造一支精干的销售团队。公司于2016年制定计划组建了电商团队,专门销售山药饼干和山药粉丝,推动了山药种植规模化、集约化、品牌化发展。

二是建设采后贮存室,提升农产品储存时间。通过将山药冷藏,全年供应,这样可以把山药的价格稳定,不至于丰收的时候集中上市价格低,价格高时又没有货卖,从而保证种植户的收益。

三是强化农产品种植技术。农作物栽培过程中重施基肥和套袋技术,特别是山药播种时重施枯饼和茶籽饼,并做好病害防治工作,如组织人员清理农田中的烂山药,施用一些杀菌剂,如石灰等。

四是打造绿色迷宫,发展休闲农业。公司全力开发绿色休闲农业,以山药基地满山遍野的绿色吸引市民的广泛关注,引进旅游公司开发休闲旅游基地,让市民到基地亲身了解山药的种植过程,品尝山药产品,采挖山药,对山药的保健效果有全面的体验,从而促进产品销售和产品品牌建设,使绿色山药产业更加良性的发展。

家庭农场篇

永修县西江家庭农场

——围绕葡萄做文章

西江家庭农场创建于2011年,主要从事葡萄种植、采摘、葡萄制品生产以及其他果蔬种植,现有种植面积500亩。

一、农场发展历程

2011年,建立永修县西海农业生态园江上葡萄生产基地(以下简称西海江上葡萄庄园),种植面积二百余亩,品种主要有夏黑、巨玫瑰、红富士、青提等四大葡萄品种,全部采用避雨大棚、滴灌等技术,园内建有沼气池。西海江上葡萄庄园的葡萄严格按照绿色食品的种植生产要求,精耕细作,山泉灌溉,肥料全部都是有机肥,利用县农业部门安装的太阳能杀虫灯,科学防控病虫害,确保生产出高质量的葡萄,生产无公害绿色葡萄。

西江葡萄庄园

2012年,为了进一步促进西海江上葡萄庄园生产基地的发展,专门成立了西江家庭农场和永修县西海葡萄专业合作社。

二、经营模式和产品销售渠道

根据现代农业发展趋势,西江家庭农场提出了"农旅合一"发展思路,推出"葡萄采摘+体验式农家乐旅游"模式。目前农场葡萄种植面积扩大到300亩,2016年又流转土地200亩种植蔬菜和高端水果,开发水面10亩进行水产养殖,同时在农场进行土鸡养殖。

农场在原有单一葡萄采摘的基础上,又加入了下河摸鱼、柴火灶炒、土鸡散养、蔬菜种植和柴火灶炒菜等农家乐项目,打造"葡萄采摘+体验式农家乐游"模式,让来到农场的游客享受一种生态、环保、亲身体验的农家乐。

农场还与柘林湖景区、庐山西海国际温泉度假村、桃花溪漂流、西海水世界等景区进行联合营销,且与湖北黄石大众旅行社、南昌口岸旅行社形成旅游专线,为农场今后打造生态休闲旅游采摘一体化的发展开了良好的势头。

吕泽新在上海农博会现场

为了进一步扩大产品辐射范围,西江家庭农场还对葡萄进行深加工,开发了葡萄果酒和葡萄果汁,延长了农产品产业链,并注册了"夕江"品牌。

2015年,农场负责人吕泽新荣获国家旅游局首批"中国乡村旅游致富带头人"称号。"夕江"葡萄产品——葡萄果酒和葡萄果汁先后参加了2015第八届中国绿色食品博览会、2015江西旅游商品博览会和2015第十一届绿色农产品上海展销会,并与江苏商会签订了产品对接协议,品牌效益得到加强。

三、发展经验

西江家庭农场成功的经验主要是以"特色品牌"带动农村生态休闲旅游采摘一体化产业。农场生产的绿色无公害农产品葡萄,形成西海江上葡萄庄园品牌,然后通过旅游景区生态休闲旅游采摘平台,吸引城市消费者来购买,从而拉动产业的发展。在西海江上葡萄庄园，游客除了旅游采摘，还能带回葡萄产品。在此基础上，农场积极注册"夕江"品牌，研究开发夕江葡萄果酒和葡萄果汁，并在城里设定销点，还与一些企事业单位挂钩，直销葡萄产品和葡萄果酒、葡萄果汁。

四、发展瓶颈及远景规划

农场产业升级及后续发展仍需要大量资金投入，农场产品品牌推广还需加强。基于2015年良好的发展势头，农场计划借助庐山西海分景区优秀的旅游资源，进一步扩大规模，努力将农场打造为餐饮、住宿、采摘一体化的休闲农业生态观光旅游区。

农场发展规划分几步走：一是以葡萄为主打，辅以种植蓝莓、樱桃、草莓、杨梅、石榴各20亩，共100余亩，形成采摘产业链；二是种植100余亩无公害绿色有机蔬菜，养殖200余头当地土猪，蔬菜与猪肉均供应西海各大农家饭庄数；三是计划建设一座老北京式四合院，以采摘蔬菜、自行烹饪并以柘林湖的野生鱼为特色的农家乐；四是利用位于修河二面环水的地利优势，拦河形成天然的活水养殖鱼塘，供游客垂钓娱乐；五是利用修河自然沙滩，开发天然沙滩浴。

农场生产葡萄酒

永丰县邹先佼家庭农场

——专注百合产业

永丰县藤田镇邹先佼家庭农场成立于2014年,坐落于素有"绿色食品原料(蔬菜)基地县"、全国"生态蔬菜之乡"之称的江西省吉安市永丰县藤田镇中西山村。农场前身是成立于2007年的永丰县藤田镇中西山村百合专业合作社。农场主要从事百合良种繁殖、百合高产栽培、百合产品深加工与销售,同时发展杨梅、油茶特色产业的生产经营。

一、农场发展历程

2007年9月,在时任村党支部书记邹先佼的牵头组织下,中西山村成立了百合专业合作社,合作社从破解技术难题入手,实行"三统一分"模式,即统一进行技术指导、统一供应农资、统一进行产品销售、分户自行种植管理合作模式,并专门聘请专家举办培训班,以提高社员和种植户的生产技能。合作社社员从成立初期的6人发展到2012年的80人,涌现出百合种植大户60多户,百合种植面积从初期的100多亩发展到现在的1500多亩,亩产高达2000公斤,还带动周边农户600余户发展百合1000余亩。

为了做大做优百合产业,在专业合作社的基础上,2014年成立了邹先佼家庭农场,并采取"农场+农户"的经营模式,入场农户达103户。2014年,农场投资200多万元建设3000平方米的标准化百合系列产品加工房,包括鲜百合冷

农场产品仓库

库、鲜百合真空包装间、百合粉及百合干生产车间等,并购置大型百合系列产品烘干设备,获得了蔬菜干制品食品生产许可证,同时注册了"相宜源"商标。

二、农场经营模式及产品销售渠道

农场现经营业务为百合良种繁殖、高产培植、深加工及百合观光采摘。

百合良种繁殖。农场依托全国百合良种繁育基地这一金字招牌,改变原来只卖商品百合的单一销售模式,开辟出种子百合销售新渠道,实现了由商品百合每公斤18元到种子百合每公斤52元的效益飞跃,推动了全村百合产业的规模连片种植,极大地提升了中西山百合产业的整体效益。

百合高产栽培。目前通过"农场+农户"模式,种植百合良种及商品百合3200多亩,为江西最大的龙牙百合种植基地年产鲜百合4500吨。农场注重塑造品牌,百合生产采用标准化生产、科学化管理,从而实现产品优质化,生产高效化,并最终使百合产品走向了全国市场,成为兴村富民的"金娃娃"。

基地百合丰收

百合产品深加工。农场年加工百合干30吨,产品销售网络遍及上海、广东、福建、湖南及本省的吉安、上饶、抚州、泰和、万载等地,在市场竞争中依靠规模效应和质量优势带动农民共同致富。

观光、采摘。百合既是观赏花卉,又是特色保健蔬菜。农场还种植了杨梅1000多亩,高产油茶500多亩,每年百合花盛开之时、杨梅成熟之际,通过举办百合花节、杨梅节等活动,吸引广大游客前来观光旅游和采摘。

产品主要销售渠道一是电商平台线上销售,以真空包装的鲜百合和盒装

的百合粉为主；二是线下销售，主要通过特产店以及农贸市场进行百合粉的销售。

三、发展经验

1. 品牌经营提升效益。

为了长远发展，合作社为百合产品注册了"西阳宫"商标，农场为百合加工系列产品注册有"相宜源"商标。还积极申报了 QS 质量认证，让产品能够进入大型超市销售；百合的反季节生销价格好，经济效益高。

2. 过硬的产品质量是前提。

做百合的种植和加工要求首把质量关，要做无添加、无污染的绿色食品，只有高品质的百合才卖出好价格，才会有高利润。

3. 政府为产业服务保驾护航，促进产业大发展。

百合产业发展离不开政府的支持，永丰县出台了奖补扶持、土地流转等一系列优惠政策，规定凡百合种植达到一定规模的种植户，均给予奖补，并捆绑整合财政、农业开发、水利等各类资金和项目，扶持中西山百合产业集群开发和规模发展。

4. 多学习，多宣传。

创业者应更多地有外出考察学习的机会，以拓宽视野。由于江西人的饮食习惯不喜食百合，同时对百合的养生保健功能缺乏认识，百合在本省销售不畅，需要更加注重产品宣传工作。

四、远景规划

接下来，农场将在 5 年内新增投入 100 万元，将百合基地扩大一倍，并加大对系列产业产品深加工项目的投入，加快产、加工、销售一条龙服务体系建设步伐，产值在现有基础上翻 1.5~2 倍，人均收入提高 60% 以上。

在县内外，省内外开办 10~20 家以上专卖店或经销点，另外不断扩大销售队伍专门负责产品的推广与销售，让中西山的"西阳宫"品牌走进千家万户，享誉大江南北，使其真正成为在外能叫得响、在家乡又能为群众百姓带来可观效益的一大特色支柱产业。

进贤县下埠集现代青年家庭农场

——梦想是干出来的

进贤县下埠集现代青年家庭农场是返乡青年陈鹏辉于2015年创办,农场总面积近千亩,其中山林200亩、油茶林600亩、水田200亩、鱼塘12亩。主要从事优质水稻、油茶生产、加工销售,油茶松针土鸡养殖、销售,当地特产销售等。

一、农场发展历程

2015年8月,陈鹏辉开始着手家庭农场的选址和筹建工作,在大量走访和调查过程中,发现进贤县下埠集乡下埠村委地理位置优良、民风淳朴,于是在当地注册创办了该农场。经过两个多月的努力,在下埠集村委陈坊坑村流转了山地、水田、水塘共800余亩。

为解决家庭农场发展过程中的资金问题,创始人通过股权众筹模式为家庭农场募集资金150万,召集创始股东16名。2016年2月19日,江西睿贤农业发展有限公司在进贤县注册成立,2016年5月,江西睿贤农业发展有限公司入驻进贤县电子商务服务中心,正式开始家庭农场的电商运营模式。同时,农场整合下埠集陈坊坑村周边资源,开办亲子主题生态农场,建成省城家庭的生态农场和私家亲子乐园,打造成乡村观光休闲旅游景点和乡村休闲特色农庄。

农场电商运营中心

二、经营模式与产品销售渠道

农场采取种植、养殖、农产品深加工、电商销售特产（农产品）、观光农业全产业链经营模式。除了和农产品批发市场及农超对接销售，农场还通过互联网平台，以股权众筹、产品众筹等方式，将资金、资源、技术、市场等实现乡村与城市社区的对接，并采取微信公众号营销推广，结合线下体验的O2O模式销售特色农产品。农场现有业务包括粮油种植与加工、林下养殖、农机服务和特色农产品销售。

农场产品展示台

粮、油种植与加工。农场流转的200亩水田，全部种植目前品质最优的早稻、"一晚"、"二晚"等水稻品种，采用病虫害绿色防控技术，生产优质大米，并逐渐向有机稻方向发展。农场流转油茶林600亩，每年可采收油茶籽80吨~90吨，年产山茶油20余吨。

林下养殖。农场有油茶林、松树林600余亩。农场利用丰富的林地资源，散养油茶松针土鸡，加上油茶、松树林地有着良好的生态条件，饲养的土鸡价格饲料鸡高出2倍以上，产品供不应求。

农机服务。农场购置了耕整机、联合收割机等大型农机，为当地农户开展土地耕整、水稻收割等农事服务。

销售特色农产品。农场所属的江西睿贤农业发展有限公司,充分挖掘本地特色农产品,通过电商网络平台将南昌、进贤等地的特色农产品,如军山湖大闸蟹、野生山茶油、李渡高粱酒、各种有机瓜果蔬菜等推向全国。

农场产品展示柜

三、发展经验

创办家庭农场与做农业,必须做到"坚持"二字,要有"咬定青山不放松,任尔东南西北风"的精神,要始终抱定"梦想是干出来的精彩"的信念,不管现实有多么残酷,也不管在创业的路上会遭遇什么困难,坚信梦想只要坚持一定会实现!

家庭农场的发展离不开资金支撑,资金问题始终是制约家庭农场发展的主要瓶颈。

无论是搞特色种植、养殖、农产品深加工还是农产品销售,都需要先进的技术和懂技术、会管理、善经营的人才。

四、远景规划

陈鹏辉计划用3~5年的时间,投资5000万整合下埠集陈坊坑村周边资源,把农场打造成省城1千户家庭的生态农场和私家亲子乐园,把下埠集打造成南昌市乡村观光休闲旅游精品示范线,由此农场实现年销售5000万,利润1500万的目标,让乡亲们的收入更体面、让城市亲友生活更健康、让孩子们的童年更精彩。

上饶县飞凤家庭农场

——主副兼营创品牌

飞凤家庭农场位于上饶县花厅镇,是一家以白茶种植为主,兼营茶叶加工,服装销售,汽车驾驶员培训为一体的综合性经营体。

江西农业工程职业学院老师到访企业

一、农场发展历程

上饶县飞凤家庭农场成立于2015年,以200万价格从一位浙江老板手上转包,农场前身是一块300亩的白茶场,2006年承包经营。农场种植茶叶1000亩,毛竹林场300多亩。茶场以浙江安吉白茶为主栽品种,毛竹品种为浙江农科院推广的安吉毛竹。

农场现有路标皮鞋店、永生驾驶员培训学校、上饶县饶峰白茶开发有限公司等多个经营实体,形成了以商铺、白茶、毛竹种植加工为主体多产业综合服务为一体的经营模式。利用鞋店和驾校的收益为农场提供投入资金,确保农场前期建设。

二、经营模式与产品销售渠道

农场生产加工的白茶销售主要以零售为主,少量的批发。零售地区主要是江西省的上饶市、鹰潭市、抚州市等几个周边市区。批发主要销往浙江安吉,以清明节的明前茶为主。

三、发展经验

虽然上饶县飞凤家庭农场成立时间不长,但其白茶和毛竹种植从2006年就已经开始,已摸索出一套独特的农场发展道路,主要经验如下。

1. 避免前期借贷。

农场前期建设投入时对资金需求很大,但最好不要向银行贷款或私人借钱,到了农场已经有产品销售时可以适当贷款。因为白茶从种植到采收只要3年的时间,除了苗木、人工、土地等早期需要较多资金,后期管理和维护资金压力不大,只要坚持几年,后面的收益还是比较稳定。

飞凤家庭农场茶园

2. 主打绿色有机茶。

在茶树栽培管理过程中尽量不要施用化肥,因此可在栽培整地时重施基肥,如枯饼和菜籽饼,前两年可以施用一些尿素或复合肥,第3年后就严格禁施,只能在春季时开沟施有机肥。

3. 节约成本。

由于茶树一般种植在山梁上,有一定坡度,每隔30米开设一条5米长左右的小沟,安装一个大油桶,让雨天的雨水或下雪的雪水逐步引导汇集到铁桶,方便后期茶树浇灌,减少人工、节约成本。

4. 多种经营。

经营产业尽量不要单一,可以采取多种产业综合经营,降低压力、减少风险。

四、发展瓶颈及远景规划

目前农场发展存在的问题有二:一是资金压力较大,二是劳动力成本增加。

农场2015年从浙江老板手上转包了300亩的茶场,共花费200多万;农场土地租金逐年增加,2015年每亩土地租金300多元。这两方面导致农场资金压力大,且在银行贷款或项目申请难度也很大。

随着国家经济的快速发展,劳动力成本越来越贵,现在农场请一个小工每天成本近100多元,特别是茶叶采收主要集中在清明前后,这个时期周边农场都要大量招工,导致劳动力成本水涨船高,给农场带来了巨大压力。同时本地劳工十分紧俏,为了解决劳动力问题从外地招聘一些务工人员,这批员工的住宿就成了问题。

为保障农场的可持续发展,农场今后将在几方面下功夫。一是注册商标,创建品牌。农场延用原来的传统销售模式,档次不高,因此今后将花大力气创建有机绿茶品牌,主打有机茶这张牌,提升农场层次。二是进行机械加工,提升产量。农场已经购进一套全自动茶叶加工设备,2016年投入使用,既减少了人工的成本,也可以大大提高生产效率。三是建设宿舍,改善住宿。由于每年采茶需要大量工人,本地人员管理难度较大,要从外地聘请一些务工人员来采茶,因此农场要建设一些员工宿舍。四是开发项目,提升竞争力。上饶县飞凤家庭农场周边有3~4个相似的农场,为了提升农场自身竞争力,农场主准备开发采茶、垂钓、休闲、餐饮(农场饲养土鸡和土鹅)一条龙的特色农家乐,确保农场有较强竞争力。

上饶县石人童家山林场

——选准产品服务大众

石人童家山林场坐落在江西省上饶县石人乡,林场水资源丰富,水质清澈透明,主要从事茶叶及油茶种植。

一、林场发展历程

2010年,林场负责人兰月凤在广东省石狮市从事服装外包业务,开办了自己的服务外包工厂。但随着全球次贷危机爆发,服装行业受到很大冲击,她被迫返乡开始第二次创业。

在相关政策支持下,兰月凤于2013年与叔父洪忠贵一起,共同集资承包林地2600亩,创建了石人童家山林场。林地租金每亩每年10元,租期30年。林地中有自然状态的林地400亩~500亩,后期种植油茶1200多亩,从浙江引进白茶苗种植的林地300亩。借助上饶市出台的种粮户农民直接补贴、农资综合补贴和农作物良种补贴三项农业补贴政策,林场由此获得多项政府补贴,其中林场油茶可获每亩300元的补贴,白茶可获每株1元的补贴,缓解了前期投入的资金压力。

2015年,即林场实际运转的第二年,因林场中油茶和白茶尚处于生长发育期,需要较多资金持续投入。为筹措款项,兰月凤多方奔走,同时把原有林地中自然灌木作为木材运输到外面出售,将野生油茶进行加工销售,解决了部分资金。

二、经营模式及产品销售渠道

林场以个体承包、自主经营模式为主。兰月凤担任总经理,固定员工10多名,由其叔父洪忠贵和弟弟协助管理。兰月凤主要负责林场外部事务,如产品销售、业务洽谈、企业合作、政府项目协调、新技术新信息收集等;林场内部事务,如油茶白茶种植与管理、病虫害防治,生产人员调配等由其叔父洪忠贵和弟弟负责。

林场总体规模虽然较大,但产品不多,主要是野生油茶和自然灌木林。2014~2015年,林场大多数是采用零售为主兼顾批发的模式。由于茶油可以降低人体血清中的胆固醇,对高血压、心脑血管疾病、肥胖症等疾病有明显改善作用,销路不成问题。

公司茶园

三、发展经验

1. 雇佣本地农民为主。

林场在大范围种植、移栽和田间管理作物时需要较多的临时工人。为此,林场主要招收当地农民,这样既可以和当地村民搞好关系,减少矛盾,同时又可以增加当地居民收入,提升当地经济收入水平。

2. 苗木移栽过程中基肥以菜籽饼为主。

林场在油茶、茶叶苗木移栽过程中坚持以基肥为主,以菜籽饼为主,不仅肥力持久,而且价格实惠,第二年追加一次基肥,可以做到在油茶和茶叶的整个苗期生长过程中基本上不使用化肥,这样油茶和茶叶不但长势好、植株粗壮,产量较高,更为可喜的是,茶籽榨出的油气味芬芳,营养成分丰富,口感极佳。

3. 以市场为导向。

茶油主要成份是油酸和亚油酸为主的不饱和脂肪酸,含量达90%以上,食用后易被人体消化吸收并促进脂溶性维生素的吸收,满足了消费者对健康食用油更高层次的需求。

四、远景规划

为了保证林场可持续发展,未来林场的发展思路主要有三点。一是积极

融资,解决资金缺口较多的问题。林场距离上饶县城的直线距离只有3~4公里,但要绕过较多的山地,实际距离近40公里,交通不便。林场拟修建一条公路,但资金缺口较大,虽然林场很多种植作物有政府补贴,但对于整个项目投入来说还是杯水车薪,如新品种种苗、基础设施、灌溉系统建设等都需要大量资金投入,目前农林场正在积极进行融资。

二是打造品牌,加大宣传力度。茶油虽好,但为了更好地促进销售,注册自己的商标势在必行。林场拟将有机绿色作为自己的品牌特色和亮点来进行申请,争取能够尽快审批通过,并自主设计产品包装,从外形上树立自身品牌,提升林场在市场中的整体形象。

三是广揽人才,多元发展。林场拟招收一些有知识、有专业技能的青年充实林场管理队伍,同时,积极申报"荒改地"项目,争取上饶县国土局和石人乡政府的项目支持。另外,林场还将大力打造集垂钓、果蔬采摘、畜禽认养、餐饮、休闲、娱乐等为一体的旅游度假服务体系。

吉安县卓力生态农场

——稳中求进创新发展

卓力生态农场位于吉安县指阳乡濑源村,由残疾人黄根生夫妇于2007年创办,创办以来累计投资70万元。农场以绿色、生态、环保为目标,以资源有效利用为载体,以科技创新为支撑,以市场化运作为手段,是集生态观光、休闲娱乐、种养殖开发等为一体的生态休闲农场。

一、农场发展历程

农场于2008年建立了养猪场,有沼气池30立方米;同时种植横江葡萄10亩、井岗山红心柚20亩,整改养殖水面10亩,实现生态种养,以提供垂钓休闲活动为主营项目。2009年,葡萄开始挂果,品质优良。葡萄种植基地以采摘观光为主。2011年~2013年,农场建设综合服务大楼,提供培训推广服务以及餐饮服务。2013年初,井岗山红心柚挂果,2014、2015年,产品销售网络覆盖北京、上海和广州等城市。农场于2013年停办养猪场后,向水上高尔夫练习项目基地转型。2015年,农场在指阳乡长丰村试种300亩有机水稻,自购耕种机、收割机,推广直播。在省、市、县残联的帮扶下,农场已形成较大规模,年产值达60余万元。

农场种植的红心柚

二、经营模式与产品销售渠道

农场将经营模式定位为"种养殖+销售+观光休闲",立足以生态农业开发为基础,以创造优美的自然环境、生产优质的绿色农产品为宗旨,走农业观光、农村休闲度假之路。在种养殖项目选择和设计上,农场充分考虑了农业与旅游的有机结合,规划有采摘园、垂钓池、设施农业区、田园风光区、生态养殖(水产/畜禽)区等。在休闲项目安排上,农场追求与游客的互动性,游客参与性项目有采摘、酿酒(果酒/葡萄酒)、垂钓、植物组织培养等。卓力生态农场是久居城市的人回归自然,追求野趣,体味"住一天农家屋,干一天农家活,吃一天农家饭"乐趣的理想度假园区,也是进行"寓教于游,寓教于乐"科普教育的理想之地。

目前,卓力生态农场采用网络营销和依托井冈山融源农业科技有限公司、深圳源昌再生塑料有限公司,线上线下相结合的销售模式。井冈山融源农业科技有限公司是井冈山市首家挂牌上市企业,也是吉安市首家挂牌上市的农业企业。

农场葡萄园

农场找准互联网与休闲旅游、农产品销售的结合点——消费者对安全健康产品的需求,搭建市场信息平台建设机构,分为后台管理、摄像、资料收集三个部门,各部门明确工作职责,即通过开通"网上、掌上、墙上"产品信息推介平台,发布农场产品生产加工情况、种养信息、质量认证信息及材料。通过努力,带动了周边市民到农场体验采摘、休闲旅游,促进了农场农产品销售。

三、发展经验

1. 因地制宜,以短养长。

农场的建设充分利用当地的自然和人文资源,具有鲜明的地域特色。在农业领域,生态休闲观光市场成熟期长,可持续经营时间长,市场价格竞争、品牌竞争会制约预期经营目标,农产品的品质控制、管理质量、服务态度、经营方式也是主要风险因素。

2. 依托政策,团结群众。

中央对"三农"问题的重视,江西省政府、吉安市政府对生态观光农业发展的大力支持都是发展的机遇。同时,要实现销量增长,必须深入了解消费者需求,建设线上线下宣传推广平台,让更多的人了解农场的产品,并产生购买的欲望。

3. 适度规模,稳中求进,不断创新。

组织规模边界的扩张与收缩是以最大限度节约成本为目的,家庭农场必须达到一定规模才能够融合现代农业生产要素,具备产业化经营的特征。同时,受资源禀赋、经营管理能力和风险应对能力的限制,家庭农场的规模必须处于可控的范围内,不能太大也不能太小。在稳健中求发展,形式上不断创新。比如,发动在外创业的家乡名人体验农场产品,并推荐农场农产品。

农场稻田

四、发展瓶颈及远景规划

目前,农场的发展存在一些问题。一是资金投入压力大。随着农场经营

规模的逐步扩大，每年农场购置农机、农药、化肥、良种等需要大额的资金投入，需要向银行贷款，但由于不能提供有效的抵押物，很难从银行获取贷款。

二是规模化流转土地难。在现行政策下，农民种田取消农业税，还可享受国家的惠农补贴，由于农村养老、医疗保险等事关农民生存的社会保障体系不够健全和完善，土地在很大程度上担负着农民的社会保障功能，农民怕失地后生活无着落，从而抑制了土地流转。同时，农民受资金、技术、市场、文化素质等因素困扰，发展畜牧养殖、二三产业困难较多，不敢把土地流转出去。此外，土地流转的稳定性差。如果一个家庭农场每年经营的土地规模变动太大，对农场经营是极端不利的，土地流转如果是短期的，也不利于农场长远发展。

未来，农场将全面完成章程制定，完善财会管理制度，实现农场游客接待环境治理与升级，落实井冈心柚、根生稻鸭共生大米，井冈水球三大品牌注册，力争年游客接待人数突破5000人次。

上栗县乒乓家庭农场

——"稻-鸭"共养

成立于2013年12月的乒乓家庭农场位于东源乡田心村,投资总额500万元,流转土地1800亩,因地制宜,充分利用当地资源禀赋,积极发展特色农业。农场主要从事水稻、果树、油茶种植,禽类养殖以及经营农家乐,安排农村剩余劳动力28人,带动周边200户村民致富,深受有关单位和附近村民好评,是上栗县休闲农业的样板。

一、农场发展历程

萍乡市上栗县东源乡以低山丘陵为主,土地肥沃,资源丰富,属亚热带季风气候,盛产油茶,有"百万油库"之称。

二、经营模式与产品销售渠道

农场主要采取种养结合的经营模式,最大的特色是水稻与鸭共养,这种种养模式不仅改善农业生产环境,降低农田化肥使用量和农业生产成本,而且也大大提高农产品的品质。目前,乒乓家庭农场已做到水稻无需打农药和施肥,鸭子基本不需要投喂,年产粮食20万斤,年出栏鸭子8000只,真正实现农产品绿色有机化。农场的销售渠道除了农业龙头企业订单直销、农贸市场批发零售外,还有一部分自产自销,用于自主经营的农家乐。依托东源乡花炮产业的发展,农家乐的经营红红火火。农家乐所在位置交通便利,平时作为周边花炮厂的定点招待饭店,客源充足,收益较好。

三、发展经验

1. 农场发展要靠农业技术和管理技术两条腿走路。

乒乓家庭农场以种养殖为主业,病虫害的防治、疫情的防范,如何实现高产、科学种养殖都离不开农业技术的支持。此外,随着发展壮大,涉及到具体运营的方方面面,都需借助规范管理,这也是家庭农场发展中存在的短板。

2.品质是关键,宣传推广要及时。

农产品品质的好坏是关乎是农场经营成败的关键,容不得半点弄虚作假。家庭农场通过市场调研,确定了自己的目标消费群体,致力于提供纯生态无污染天然农产品,尝试开展农产品网络营销,利用微信及时将农产品信息推送到消费者手中。

公司生态稻田

3.投资有风险,成功源于学习和坚持。

农业创业的路上布满荆棘,农业生产周期长,经营风险大,家庭农场主必须具有良好的心态,做好打长期战的心理准备,不急于求成,懂得坚持,合理作出农场投资规划。同时,加强与农业相关部门的沟通,了解和掌握相关惠农政策,积极寻求包括项目、政策等方面的支持。

四、发展瓶颈及远景规划

目前,农场发展有几大问题亟待解决。一是土地流转难。家庭农场要扩大经营规模,就必须从农户手中流转更多的土地。但是从目前来看,土地流转较困难、且流转费用较高,而农产品收益又难以弥补土地流转成本,希望相关政府部门加大力度推进农村土地流转。

二是金融扶持力度小。家庭农场发展到一定规模后,自有资金无法满足经营需求,这时就要考虑外部融资。一方面,家庭农场的抵押资产往往得不到农村金融机构的认可,银行信贷资金难以争取到位。另一方面,相应政府担保机制未充分落实,降低了金融对家庭农场的扶持力度。

三是基础设施有待完善。主干道通往乒乓家庭农场农家乐的道路到处坑坑洼洼,农家乐不能通自来水,依靠自打水井获取水源,供电也不是很稳定,基础设施有待进一步完善,农家乐面临着外部经营环境较差的窘境。

未来几年,农场计划在现有规模基础上,继续扩大投资,朝休闲农业的方向发展。下一个五年目标是解决100名农村劳动力就业问题,打造家庭农场经营品牌。

芦溪县福帮家庭农场

——打造安全粮食生产基地

芦溪县福帮家庭农场成立于2014年,主要从事水稻种植。农场位于萍乡市芦溪县宣风镇北部的茶垣村。早在2008年,宣风镇就将生态农业建设作为全镇强镇建设五大工程之一。如今,全镇特色农业规模逐步扩大,依托茂盛水稻种植有限公司等省市农业龙头企业发展特种稻米产业,武功黑米种植面积增至500亩,新增火龙果100余亩,种植武功白菊、铁皮石斛等中药材2000余亩,并培育了一批新型职业农民和专业大户。

一、农场发展历程

芦溪福帮家庭农场,从创办初始种植水稻500亩,发展至今已有3000余亩,并拥有高速插秧机,轮式、覆带式等各种耕田机、烘干机农业机械多台,厂房千余平方米。农场主何斌是地道的农民,从以前几亩田的传统耕种模式到今天几千亩的机械化规模耕种,他一路艰辛,一路探索,深切体会到机械化和管理创新对农场发展的重要性。

芦溪福帮农场稻田

二、经营模式与产品销售渠道

农场采用"种植+农产品深加工+销售"相结合的经营模式,随着种植面积的扩大,规模效益显现,利用农业龙头企业带动家庭农场的发展,资金来源

与销售渠道得到有效解决。

农场水稻的销售渠道有传统的农业龙头企业订单直销、农产品批发或零售市场销售、以及农超对接。目前,农场正主打绿色食品和有机食品概念,积极向社区推广。此外,也在尝试微营销方式。营销策略创新打开销路的同时,也给家庭农场带来了配送成本高等问题。

三、发展经验

芦溪福帮家庭农场的发展离不开持之以恒的开拓创新,也离不开每一个农场成员的稳扎稳打,积极进取。俗话说:"一份耕耘,一份收获",在成长的道路上,遇到过技术难题,管理阻碍,唯有不断学习,方有家庭农场今天的稳步发展。

四、发展瓶颈及远景规划

目前,农场发展还存在以下困难。

一是融资成本高。随着家庭农场的不断发展壮大,金融需求向更加多元化、多层次方向发展。而当前的农村金融服务供给无论是从信贷规模、信贷期限、信贷产品,还是从金融服务方面,均不能满足日益增长的家庭农场金融需求规模化、金融服务特色化的需求。商业银行等金融机构也尚未出台专门面向家庭农场的信贷优惠政策,从贷款规模看,主要发放小额农户贷款、联保互保贷款,资金非常有限。从贷款期限来看,小额农贷的贷款期限多数为1年,不能满足家庭农场中长期的融资需求。较高的农村金融供给利率使得家庭农场融资成本较高,客观上制约了家庭农场的融资积极性。

二是土地流转难。家庭农场要求较高程度的集约化经营和规模化经营,需要家庭农场主从普通农户手中流转集中连片的土地。然而,愿意流转的多是只有几亩地的农户,往往不能集中连片利用,也无法实行机械化。农户往往只把一部分土地出租,另一部分留在自己手上种口粮。加上土地整理不到位,耕作成本随之提高,最终导致土地流转费用高而效益低。目前,农民自种一亩地的粮食一年能赚上千元,如果农场主种粮食,单产效益未必有小户农民高,且农场主还要支付额外的租金。在发展初期可以通过政府补贴消解部分租金,但长期这样,难以为继。

三是农业保险体系不健全。相比于传统农户,投资规模更大、投资周期更长的家庭农场在经营中更需要农业保险、期货套期保值等抗风险型的金融需求。而目前我国农业保险体系尚不健全,农业保险覆盖率低,不能为家庭农场融资保驾护航。首先,政策性农业保险种类少,农业保险业务占比低,客观上影响了金融机构支农的积极性;其次,商业农业保险积极性不高,农业保险险种较少,部分保险产品设计不合理,化解风险的作用较小;第三,农业保险服务水平层次较低,保险赔付手续繁琐、周期长,影响到家庭农场恢复生产的速度和效益。

农场水稻丰收

未来,芦溪福帮家庭农场计划在现有基础上,适度扩大规模,将水稻经营面积稳定在5000亩上下,并稳步提高水稻种植机械化水平,结合农产品深加工及销售渠道建设,全力打造放心农产品生产基地。

萍乡市湘东区东桥镇素华家庭农场
——积极拥抱"互联网+"

素华家庭农场于2013年8月注册成立,位于萍乡市湘东区东桥镇厚田村,主要种植油菜、红薯、水稻、花生、芝麻等经济作物,养殖土猪、土鸡等畜禽,是湘东区首家注册的家庭农场。

一、农场发展历程

2013年,家庭农场主丁素华承包土地200余亩,注册成立了以自己名字命名的家庭农场。刚开始时主要是从事生猪、鸡、鸭饲养,后来扩展到红薯、油菜种植和粉丝、粉皮加工等领域。丁素华先后创办了竹业加工厂(主要是加工竹帘)、农副产品加工厂,将新鲜红薯进行深加工,做成红薯粉丝、红薯酒、红薯干等农副产品。2016年,农场融入了电子商务的元素,迈入了"互联网+"农副产品销售时代。

素华农场一角

二、经营模式与产品销售渠道

目前,场现已形成了集种养殖、农产品深加工、农产品销售、观光农业为一体的全产业链的综合经营模式,通过稳扎稳打,逐渐建立起属于农场的养殖场、种植场和加工厂。农场以产生的牲畜粪便作为有机肥用于种植,以经济作物的边角料喂养畜禽,逐步实现生态循环种养;以农产品深加工为抓手,扩大

农产品销售半径。

农场产品,如土鸡、红薯、水稻、红薯酒等,以企业订单直销为主,该模式占据整个销售额70%左右,以农产品批发市场、零售市场、超市等辅助销售。农场的部分初级农产品,如新鲜红薯和大米等,实行自产自销的方式,也进行二次加工、深加工,增加农产品的附加值,提升市场的竞争力。此外,素华家庭农场还开设了微店、淘宝店,尝试开展农产品线上销售。

三、发展经验

农场主丁素华认为,从事农业吃苦耐劳是第一要素。做农业,尤其是种养殖是一份很辛苦的工作,需要投入大量的人力、物力。第二是要始终做到谦虚好学,细心勤思。通过经常走访周边家庭农场,学习他人经营成功经验,汲取失败教训。经过自己的努力,力争做最好的产品,以最优惠的价格,分享给消费者,以消费者获得最满意的服务作为农场的终极目标。

四、发展瓶颈及远景规划

目前制约农场发展的因素有三点。一是资金紧缺。从当前来看,素华家庭农场资金缺口较大,集中体现在农产品加工、农家乐、观光农业方面启动资金及后续跟进方面。长期以来,由于农业投资周期较长,资金周转较慢,农业生产的自然风险大,靠天吃饭的现状未得到根本改变,抵抗风险水平普遍较低。这也是商业银行不愿意贷款给农民、农户的原因所在。尽管现在农村金融体系发展较快,但家庭农场缺乏有效的抵押物,银行贷款所需资料较为繁琐,家庭农场对资金的需求仍然很难满足。

红薯粉生产过程

融资难、融资贵是素华家庭农场面临的一大经营困境,这也制约了农场集约化经营水平的提高。

二是人员不足。主要表现在缺乏农业生产辅助人员、农业经营销售人员、和农业科技后备人才。以农机操作工为例,每年仅有数月参与农忙,低收入与闲暇时间较多使得他们宁愿外出务工。因此,如何留住农村青年人才和提高农户文化素质水平与经营管理能力是农场面临的长期难题。

三是销售渠道待拓宽。该农场企业订单直销比重过大,过于依赖单一销售渠道。农产品品牌分销、农产品电商、农产品微商等工作还需加强和完善,通过多种形式销售渠道并举拓宽销路。

农场主丁素华表示,素华家庭农场将积极把握好、利用好国家护农、惠农政策机遇期,计划注册组建生态农业开发有限公司并建立蔬菜基地,增加种植品种。2018年建设农家乐、亲子园、度假村;2019年,农场将形成规模性种植和养殖,提升集约化经营的水平,整合农产品加工价值链;2020年,农场主将在家乡建设一个敬老院,反哺社会,做些对社会有价值、有意义的事。

分宜县晚根家庭农场

——提高种植效益

分宜县晚根家庭农场成立于2014年,位于江西省分宜县凤阳镇礼堂村,以水稻、冬瓜等经济作物种植为主,种植面积从最初的几十亩发展到目前近千亩。

一、农场发展历程

农场采用"大宗作物种植模式",由于其规模较大,通常采用农业机械进行播种、施肥、收割等,与传统农户相比,农业规模化、集约化、商品化经营程度更高,这也是目前家庭农场常采用的模式。该模式具有两个特征,一是经营规模适中,种植类农场生产规模基本在 50 亩～500 亩之间;二是家庭农场主综合素质较好,产业规模都是从小做到大,专业知识、实践技能较强。

晚根农场稻田

二、经营模式与产品销售渠道

晚根家庭农场水稻销售主要以国家储备粮库收购为主;冬瓜销售则走农产品批发市场,销售渠道较简单、狭窄,制约着农场的进一步发展。

三、发展经验

1. 学会总结。

要善于从日常农业生产活动中进行总结,汲取农业生产技术。

2. 要懂得借鉴和转化。

要多走访、多参观、多学习成功经营的家庭农场,取他人长处,避免走同样错误的老路。

3. 要树立农业经营产品意识、市场意识和品牌意识。

具备经营意识、市场意识和品牌意识才能适应市场化竞争,也只有这样,才能做出正确的经营决策和防御经营风险。

四、发展瓶颈及远景规划

目前农场发展还存在几大问题。一是经营管理水平及技术水平不高。由于农场主文化水平不高,在技术及管理水平上均存在一定的局限性,对新技术、新品种的接受度不高,尤其是在农产品营销上不能及时跟上时代潮流,对农产品电子商务和新媒体营销、农产品众筹等新理念知之甚少,无从下手。

二是融资难。农场在扩大经营规模、更新农业机械化设备等方面存在资金缺口,需向外融资寻求支持。但由于家庭农场属于经营风险较高的经济组织,加之缺乏银行高度认同的抵押物,拥有的农业固定资产(如大棚、大型农机具等)、农村土地承包经营权、农业订单、农产品等充当抵押物在银行进行资产评估时往往不能体现公允价值,银行惜贷或拒贷概率较高,家庭农场资金需求无法得到满足。

农场菜园

三是产品结构单一,市场风险较大。晚根农场产品种植结构相对单一,这种种植结构虽然有利于充分发挥土地的规模优势,开展标准化生产,但生产的农产品,受季节因素、市场因素以及自然灾害因素影响较大,不利于降低市场风险。这也与农业社会化服务体系不健全有关,相关部门主要聚焦于对农技知识、技能的推广,缺乏对农场经营管理、农产品营销、市场预测的服务与指导,不能很好的满足家庭农场的多样化需求。

四是土地流转困难。近年来,由于受国际环境影响,国内经济下行压力较大,城市就业机会减少,农村剩余劳动力转移速度减缓,农村土地流转出现阻碍,以至于农村土地流转资金连年上涨,流转成本较高。在实际操作过程中,还普遍存在土地流转分散化、零星化、无法集中连片的现象,这给农场农业机械化的实施带来不便。

未来,农场一方面将继续坚持以水稻种植为主,准确把握市场需求,适时调整种植品种,如畅销水果和蔬菜的种植,发展"大宗作物种植"与"大棚蔬果种植+观光采摘+农家乐"相结合的经营模式;另一方面农场将积极尝试大米深加工,打造自主品牌。做好农产品营销,不断创新营销理念,借助营销新手段,开拓营销渠道,真正实现农产品种植、生产、销售、观光采摘、农村休闲娱乐等融合发展。

智天蔬果种植家庭农场

——打造休闲型品牌农场

新余市智天蔬果种植家庭农场位于新余市昌坊村,占地面积近400亩,成立于2014年11月,是一家从事纯生态农产品种植和农业观光休闲的大型农业休闲综合体。

智天农场稻田

一、农场发展历程

智天蔬果种植家庭农场位于新余市昌坊村,距离市区仅有18公里。该村是国家级生态村、国家AAA级旅游景区、全国文明村、国家信息化村、江西最美乡村、全国农业旅游示范点。农场依托村庄纯天然的风景优势,采用"种植+农产品深加工+销售+观光采摘+休闲度假"相结合的经营模式,打造成纯生态农产品种植和农业观光休闲的大型农业休闲综合体。

目前,农场主要种植蔬果,品种有草莓、桑葚、枇杷、葡萄、翠冠梨、火龙果等。在农产品成熟期,一方面销往农业龙头企业和农产品批发或零售市场;另一方面提供观光采摘服务,在降低存货的同时提高用户体验度。

二、经营模式与产品销售渠道

该农场采用"种植+农产品深加工+销售+观光采摘+休闲度假"相结合的经营模式。

农场的产品销售渠道包括线下和线上两部分。线下采取将农产品通过农业龙头企业订单直销、农产品批发或零售市场销售的模式。经过一年多的发展,线下渠道已日趋成熟。

借助"互联网+",农场开始打造属于自己的农产品电商平台,同时借力微博、微信,开展微营销,以微成本、微内容,注重与消费者互动,拓宽产品市场,提升盈利空间。

智天蔬果种植家庭农场工人在蔬菜大棚劳作

三、发展经验

1.战略为先,理念至上。

休闲农业是利用农业自然环境、生产经营、农业设施、农耕文化、田园景观、农家生活等旅游资源,通过科学规划和开发设计,为游客提供观光、休闲、度假、体验、娱乐、健身等多项服务,以促进农民就业增收和新农村建设的一种新型产业。休闲农业涵盖了"农业、农村、农民(三农)",体现了"生产、生活、生态(三生)",融合了"一、二、三"产业,因此,有人把休闲农业称为"第六产业",也是朝阳产业。

智天蔬果种植家庭农场从成立初始,就定位致力于为广大消费者提供舒适的乡村旅游和休闲农业服务。农场以纯生态蔬果类农产品的生产经营为依托,充分利用田园景观、自然生态及环境资源,将生态农业与观光旅游有机融合,具有引领区域资源共生、聚合增值的特质。农场将休闲观光作为营销点,把纯生态农产品的生产和生活资源的休闲观光化作为建设的核心,打造农业休闲综合体。目前,农场主要以观赏采摘类为主,内设采果园,包括各种当季果蔬、花卉,属产地采蔬果业型农业观光。今后,在"农业休闲综合体"理念的引导下,智天蔬果将逐渐向度假、体验、娱乐、健身等方面发展。

农场水果种植园

2.抢占先机、创新发展。

农产品尤其是蔬果类的农产品具有难保鲜、易变质的特点,如何在产品成熟时尽快的销售出去,成为家庭农场亟需解决的问题。智天蔬果种植家庭农场采取"请进来、走出去"两条腿走路,一方面迎合当下人们追求轻松惬意的生活品质,渴望与大自然拥抱的需求,吸引消费者前来亲身体验多品种现场采摘乐趣;另一方面发力农产品电商和农产品微商,积极打开对外销路。但同质化竞争日益严重,个性化配送成本居高不下问题日渐突显亟待解决。

四、发展瓶颈及远景规划

目前农场的发展还存在一些瓶颈。一是土地流转问题。土地流转环节中凸显的种种问题是制约农场发展的一大障碍,尤其是昌坊村已具备一定的乡村旅游知名度,农民对土地依赖程度较高、土地流转意愿不强,且流转价格远高于政府指导价。土地仍通过"人到人"方式流转,具有显著的细碎化特征,使得规模经营难以实现。

二是基础设施建设滞后。长期以来，智天蔬果种植家庭农场经营区域虽然有灌溉机井，但数量少、设施不配套，且年久失修，农场抗旱只能靠长距离管道引水，成本高、效率低。此外，农场电力设施缺乏，导致发展难以跃上新台阶。上述问题，依靠农场自身能力难以妥善解决。

未来，智天蔬果种植家庭农场的战略目标是建成远近闻名的以休闲为特色的品牌型家庭农场。目前，农场纯生态农产品种植方面已步入成熟期，日后将会把更多的资源配置在农业观光休闲区的建设上。如何使得当地景区资源和家庭农场经营更好的融合在一起，是智天蔬果种植家庭农场需要思考的问题。

吉安县龙之梦家庭农场

——哈密瓜规模化种植

吉安县龙之梦家庭农场成立于2014年,注册资本600万元,位于江西省吉安市吉安县桐坪镇下田村委,以哈密瓜种植为主,农场主曾建根是江西规模化种植哈密瓜第一人。

一、农场发展历程

农场从2014年1月起,陆续投入130余万元,完成基地规划、整地、围墙建设、住宅建造、水塘开挖、基地绿化及10个大棚设施建造。

2014年2月,农场一次性栽种10亩华蜜0526哈密瓜。经过4个多月的精细管理,哈密瓜从早春的低温栽培、开花座果期、果实膨大期,终于到了采收期。由于基地所在位置生态环境好,采用有机肥料和无公害农药,成熟后的哈密瓜经相关部门鉴定达到安全、卫生、无公害指标要求,香甜美味、松脆爽口。当年6月,哈密瓜获得大丰收,亩产达到2300千克,以市场价格每千克8元计算,亩产值达1.84万元。扣除种苗费、工时费、农药肥料、场地租金等开支,净赚10余万元。至此,一年两季的哈密瓜种植事业走上正轨。

农场哈密瓜丰收

二、经营模式与产品销售渠道

农场采用"种植+销售"相结合的经营模式。目前,农场主要种植蔬果哈密瓜。在农产品成熟期,一方面直接销往超市,并开发网上销售渠道;另一方面提供观光采摘服务,在降低存货的同时让客户体验农家乐。

农场销售渠道包括线下和线上两部分。线下渠道,主要直销大型超市,重视产品宣传,让更多的人了解和喜欢本地产哈密瓜,吸引客户实地品尝和亲手采摘。线上渠道,借助微信和淘宝平台进行网销。目前,实体销售仍占据主要市场份额。

三、发展经验

1. 技术领先,踏实肯干。

哈密瓜是新疆的特产,长在昼夜温差大、日照时间长的西北,要在长江以南地区的江西实现规模化生产,离不开技术的支持和持之以恒的栽培。中国工程院吴明珠院士领衔的新疆农科院哈密瓜研究中心,经过多年科技攻关,尝试南北生态育种的探索,选育出了适宜中部地区种植的哈密瓜新品种。2012年,吉安市农业科学研究所引进该品种,农场主曾建根敢为人先,成为第一个吃螃蟹的农民。经过一番摸索和酝酿,以及吉安农科所专家的悉心指导,实现了一年两季的成功种植。

2. 政府帮扶,不断创新。

在哈密瓜种植过程中,农场曾遇到资金周转难题,在这紧急关头,政府通过多方协调,划拨"一村一品"特色产业扶持资金10万元,解了燃眉之急。与此同时,曾建根认识到,要想获得更高收益,就要学会降低经营风险。正当哈密瓜长势喜人时,农场开发了水产养殖,在基地两口水塘养鱼、养鸭,从而提高了农场的经营效益。

四、发展瓶颈及远景规划

现阶段农场的发展存在的问题有三。一是土地流转问题。要取得规模化经营收益,需要实现规模化种植。但是由于农民对土地的依赖程度较高,土地流转意愿不强,且流转价格高于政府指导价。如果土地仍通过"人到人"方式流转,具有显著的细碎化特征,会阻碍规模经济效益的产生。

二是技术突破问题。种植哈密瓜是一门技术活,从整苗、搭架、捆苗、施肥、防病,都要依靠熟练的栽培技术。在江南生产出多品种的高品质哈密瓜,还需要不断的技术突破。同时,哈密瓜属于新鲜果蔬类产品,想要卖出好价钱需要脆甜的口感以及美观的外表。另外,农场产量的提升对哈密瓜贮藏与保鲜技术也提出了更高的要求。

三是人才缺乏问题。家庭农场的规模化发展需要大批有文化、懂技术、善于经营的新型职业农民。但一方面地方人才流失严重,吉安县桐坪镇大量青壮年外出务工,具有较高文化知识的大学毕业生鲜有回村从事农业生产;另一方面,由于农场地处中部欠发达地区,在引进外来人才方面有较大难度。这使农场的发展受到较大的制约。

未来,农场将扩大种植规模,丰富哈密瓜的品种,打造龙之梦哈密瓜的专属品牌,拓宽线上销售渠道。同时,带动当地群众一起大规模种植哈密瓜,打造一个新兴的富民产业,推动吉安的特色农业发展。

乐平市开泰种养农场

——种养结合谋发展

乐平市开泰种养农场成立于2015年初,是一家集果树、松树种植,禽畜水产养殖为一体的综合性农业生产农场,现有长期员工4名,注册资金100万元。

开泰农场枫林

一、农场发展历程

开泰种养农场酝酿于2008年,从农场负责人先期承包山林土地入手,从周边农户按每亩10~20元的价格租赁了400多亩山地(包括一个40亩的鱼塘),租期50年。现已种植200亩北美红枫,10亩猕猴桃,5亩桃树和梨树;建设了占地近2亩的猪场,鱼塘养殖草鱼、鲢鱼、鲤鱼等常见鱼类,并饲养了蛋鸭。

经过几年的实践,农场各种产业已逐步走上正轨。鱼塘每年可销售鲜鱼几万斤,蛋鸭20000羽,肉猪300多头。2012年,为方便农副产品运输,农场自筹资金50多万元,聘请专业人员新建了一段水泥路。

二、经营模式与产品销售渠道

农场采用种植和养殖相结合的经营模式。种植以北美红枫松树为主,以收割松油作为主要产品,果树中猕猴桃、梨树和苹果树种植还处在前期摸索过程中,以积累栽培种植技术和经验为主。养殖以育肥猪为主,兼顾鱼类和肉鸭饲养。

乐平市与上饶市周边市县接壤,地理位置优越,交通发达,所以农场的大部分产品以批发为主,兼顾一定的零售,如肉猪、肉鸭、蛋类等一般批发,松油大量批发,少量零售。

三、发展经验

1. 提升风险防范意识。

农产品投资周期长,如松树种植一般要种植到 7~8 年才可以割油,生长时间长,投资大,风险高,而且很难预防一些突发事件如火灾或虫灾等发生。

2. 加强基础设施保障。

农业经营主体环境和条件较差,卫生条件不好,生活设施缺乏,基本需要都不能有效提供,如电压不稳、网络信号不好,交通困难、文娱设施不全等,会严重影响农场效益,因此要加强基础设施建设。

3. 明晰土地租赁产权。

若土地租赁产权结构不明晰,少部分土地流转过程中只是口头协议,没有正式的租赁合同,而且有的土地租赁是一年一签,有很大的不确定性,易导致土地租金变化频繁,带来资金压力,进而限制了农场的进一步发展。因此必须明细土地租赁产权。

4. 克服请工用工困难。

农场的地块与周边农户地块相互交织,田路和水沟划分很不明晰,而且周边村庄较多,情况十分复杂,出现问题时很难处理。在农作繁忙时节请工用工,很多周边农户会提出不合理要求,导致在人员安排上不能够妥善安排,农场与农户之间时常发生矛盾,而且处理起来十分棘手,对农场发展带来很多不必要的麻烦。要发展农场就必须要克服请工用工的困难。

四、发展瓶颈及远景规划

现今制约农场发展的因素主要有几点。一是缺乏技术力量支撑。目前,农场的农作物生产和畜禽养殖只有实践经验,没有专业理论知识指导,缺乏技术力量支撑,造成了不小的损失。如葡萄种植过程中没有进行前期病害防治和科学管理,栽培5年后就不得不砍掉。加上没有做好前期规划,树立品牌意识,造成产品不能上档次,销售价位不高。

二是基础设施不完善。农场要发展,基础建设十分重要,由于农场地理位置较偏僻,绝大多数基础建设不完善,因此农场整体投入非常大,特别是道路、水、电等,这些不仅需要大量资金,而且还有经过很多审批手续,这些都要花费大量的人力。

农场发展到现在,农场主的思路也越来越明晰,未来将做好下面几点。

一是向当地政府申报无公害商标,注册自主品牌,提升产品知名度,提高产品档次,进一步打开销路;二是引进人才,招收一批高学历、有文化、年纪轻、有魄力的青年才俊充实员工队伍,加快农场发展步伐;三是投资兴建猪场无害化处理设施,提高养殖技术,提升育肥猪的养殖速度,缩短饲养时间,提升经济效益;四是利用现有林地探索肉鸡散养放养的饲养模式,提高肉鸡品质,开辟新的产业途径;五是利用现有的松林、果林、鱼塘等综合开发建立休闲旅游产业,规划果蔬种植采摘、土鸡钓鱼餐饮立体化经营模式。

农场养殖场

崇义县莆芦墩生态家庭农场

——脐橙为媒融合发展

莆芦墩生态家庭农场位于崇义县思顺乡山院村,注册于2015年,以脐橙种植为主,兼种西瓜,养殖家禽和少量野鸡,年产值超30万元。

一、农场基本情况

赣州市崇义县思顺乡山院村是传统的脐橙之乡,农场主游伦剑是本地人,中专毕业后自主创业。他于2013年开始种植脐橙;2014年,农场采摘脐橙4万斤、西瓜3万斤,销售金额约12万元,家禽销售约300只,金额1.8万元,总收入约14万元。

莆芦墩农场脐橙丰收

2015年,游伦剑注册了崇莆芦墩生态家庭农场,种养面积达80多亩,种植纽荷尔脐橙2500棵,销售额约20万元;西瓜及家禽的收入约12万元。

莆芦墩生态家庭农场坚持走种养结合的生态立体农业之路,采用山上种植脐橙,果树下间作西瓜和养殖家禽的模式,既充分利用了土地资源,又保证了产品质量,实现了生态无公害。

二、经营模式与产品销售渠道

在农产品销售上,莆芦墩生态家庭农场采取农贸市场、订单销售以及电商等多种渠道进行销售,特别是微店的开通,既拓宽了销售渠道、弥补了地理位置较偏僻的缺陷,又扩大了宣传效果。

三、发展经验

家庭农场扩大经营规模资金不足,人力资源成本的上涨又加剧了农场经营成本的增加,而农民和农村的抵押物往往得不到银行认可,即使能够获得的抵押贷款金额又非常有限,融资难是一个不可回避的问题。

农场要实现土地规模经营,租到成片、租期较长,相对稳定的土地也是一大难题。由于农民有浓厚的惜地意识,许多农户不愿长期出租土地,致使家庭农场没有足够的土地扩大经营规模。建议刚入行的投资者聘请有农场经营管理经验者统一规划、分步实施,避免规划建设不合理,造成资金浪费,破坏整体形象,影响长远发展。经营者要根据地势、环境先建造房屋养殖家禽,为家禽提供良好安全的环境,再选择适合地区气候、市场前景较好的果树,做到布局合理。

要以生态环保的理念指导家庭农场的经营管理,利用粪便做沼气供农场使用,沼液种植有机蔬菜、水果,所种植的农产品为动物提供食源,形成种养结合

农场收获的脐橙

的循环发展模式。生产上要确保农产品的质量安全,并选择诚信可靠的中间商,打造安全可靠的销售渠道。

四、发展瓶颈与远景规划

由于家庭农场生产规模较小,目前农场存在产品设计与包装的单位成本较高;农村地理位置较偏僻,交通不便,运输成本较高;农民的交往圈比较小,人脉较窄等发展瓶颈,农场正借助电商平台和微信朋友圈等现代信息技术加以克服。

今后,葫芦墩生态家庭农场将进一步完善产业结构,发展生态种养植和乡村观光旅游,增加果树和有机蔬菜品种,合理布局,让葫芦墩生态家庭农场一年四季都有新鲜果蔬采摘。另外,农场也辅助开展养殖野生动物的业务,建造相应的沼气池,利用所养殖动物的粪便做沼气供农场使用;产生的沼液渣则作为种植有机蔬菜、名贵绿化树种、优质牧草等的有机肥料,收获的牧草反过来又用于喂养野生动物,这样既减少饲料的成本,又使肉质更好。此外,开挖鱼塘养殖四大家鱼,并提供垂钓服务。游客在农场享受采摘、垂钓乐趣的同时,也可以品尝乡村野味。

乐安县尚亮家庭农场

——深山养牛山尽其用

尚亮家庭农场位于乐安县招携镇午田村,农场主王志平自家连同父母拥有山地 284 亩,田地 4 亩～5 亩,另有承包的荒地 400 亩～500 亩。尚亮家庭农场利用现有资源,养殖土牛 120 头,长期雇员 3 人,走纯绿色健康牛肉的农产品发展路径,年出栏 20 头肉牛,纯收入 15 万元左右。

一、农场发展历程

2008 年开始,农场创始人王志平开始与人合伙养殖肉牛,由于肉牛品质优良,销售情况很好,但苦于交通不发达,肉牛销售不远,其它山货也运不出去,时任村主任的王志平意识到了这一点。2009 年,在乡镇的支持下,王志平带领村民修筑了由乡镇到村委的宽 3.5 米、长 3.8 公里的水泥路。2012 年,又修建了村委到各村的道路 3 公里,以及村庄到山下 1.5 公里。

为了扩大养殖的规模和知名度,王志平于 2013 年注册了尚亮家庭农场,专注于深山养牛。2014 年,养殖土牛 76 头,并自己繁殖小牛;山地则栽种竹子、杉树、松树等经济林;田块则解决口粮。2015 年后,农场通过土地置换和开挖山地,前后花费 20 多万元继续修路 1.5 公里,把道路延伸至养牛基地。

在尚亮家庭农场的示范效应下,附近养牛的村民越来越多,逐渐形成了产业集群,先后成立了午田养殖

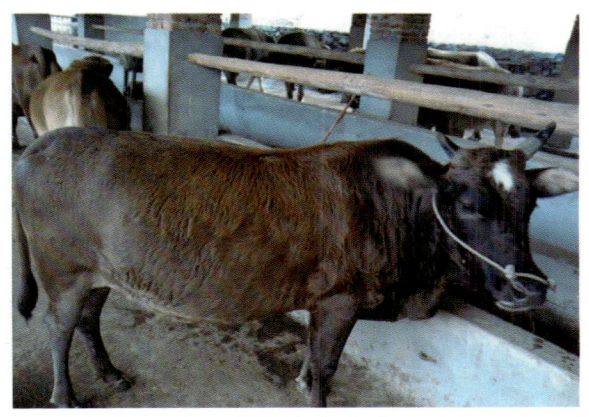

尚亮农场养牛基地

专业合作社、坪头养殖专业合作社、南庄养殖专业合作社等。

二、经营模式与产品销售渠道

尚亮家庭农场走绿色有机养殖的发展道路,采取销售新鲜牛肉的经营模式。同时,也从事香菇种植、清水养鱼等辅助经营活动。由于尚亮家庭农场肉牛的产量并不很大,主要还是集中于春节前到附近乡镇宰杀,就近销售的方式。当然随着肉牛产量的提高,尚亮家庭农场还在微信平台上加以推广,积极探索电商销售渠道。

三、发展经验

俗话说得好,靠山吃山。农村位于深山里,木材资源很丰富,通过砍伐木材,运输到浙江等沿海省份贩卖,能够获得不小的收益。但随着资源的不断减少,这种谋生的手段越来越难以持续下去。

经过多年的摸索和思考,农场主重新审视靠山吃山的方式,因地制宜地发展深山产业,利用原有的山林竹群,有计划地发展经济林。农场以放养牛为主导产业,以有机牛肉为主打产品,附带竹材和冷水鲜鱼。在山间平地建造牛舍进行深山养牛,牛群白天到山上食用青草,晚上回归牛舍。山涧清水潺潺流到水沟,用来放养一些鱼苗,肉质鲜美。

由于生态环境好,不需要特别的病害防治,所吃的又是山中青草,肉质优良,每斤牛肉售价 38 元,供不应求;竹子和清水鱼向外销售也很好。原来的牛粪是养牛场废料,无偿给别人作肥料使用,现在可以直接变废为宝,晒干后用做香菇的种植基质出售,每年仅此项可增加 5 万元左右的收入。

作为深山种养,具有天然优势,但也有不足之处,由于交通不方便,生产出来的优质产品难以运输出去。因此,农场主积极修路,破除发展障碍。

四、远景规划

尚亮家庭农场仍处于起步阶段,产量、销量都有限。产品质量虽然好,但检测、宣传等都是空白,如何增加产品可信度和知名度、产量如何保证,这些都是王志平要考虑的问题。接下来农场的发展机会如下。

一是扩大养殖规模。目前,已着手扩建新的养牛基地,扩大养殖规模。新基地将采用 2 排共 20 个框架的钢架结构,占地约 800 平方米,可容纳 150 头

牛，实行自然放养的养殖模式。

二是注册商标或申请农产品地理标志对产品进行保护。计划联合其他养牛农民专业合作社，通过联合注册商标或申请农产品地理标志对产品进行保护。同时，在肉牛品种选择上下番功夫，提高产量。

三是拓展销售渠道。未来3年内，拟筹备在县城开设2至3家门店，主打生态绿色农产品品牌，以牛肉为主，附带本地山货，长期进行有机农产品销售，扩大销售范围，稳定销售渠道。

追梦现代农业

临川区庆伟家庭农场

——力推农业机械化

庆伟家庭农场坐落于抚州市临川区湖南乡兰坊村,由当地农民周庆伟创办。农场拥有770亩水田、农业大型机械多台,以多种耕作制度种植水稻,全程实行机械化作业为主要耕作手段,年收入20万元以上。

一、农场发展历程

庆伟家庭农场创始人周庆伟干过多种工作,开过农用运输车,榨过油,经营过农机。生于农村、长于农村的周庆伟对农业有着难以割舍的情缘,他看到家乡的年轻人结伙外出打工,大片良田被撂荒,心里就有个梦想——让农业机械在农村大地上驰骋。

2008年,在当地农机部门和亲戚朋友的支持下,周庆伟先后购置了1台插秧机、1台联合收割机、1台手扶拖拉机、1台担架式喷雾器和2台抽水机,用在承包的160亩闲散田中,彻底解决了仅靠人工耕种的困难问题,获得了很好的经济效益。

周庆伟在家庭农场经营场所前合影

2009年,周庆伟再次承包了周围农村的闲散田地80多亩,总耕种面积达到240亩,同时购进1台插秧机和1台手扶拖拉机。通过一年的实践,农业机械在水稻插秧、植保、收割等方面都获得了较好的效果。一是秧苗反青快、分蘖好、抗倒性强、生产旺盛,大量节省了秧田,秧田利用率比常规水播水育秧提高8~10倍,比抛秧育秧节约秧田40%~50%;二是机械重秧省工节本,可大幅度降低劳动强度;三是机械插秧可高产增产。由于机械插秧株行距,规格可标准统一,秧苗群体质量易于调控,有利于通风透光,充分发挥水稻生长的边际效应,因而容易获得高产稳产。

2015年4月10日,庆伟家庭农场在抚州工商局登记注册挂牌成立,单位注册资本100万元。

二、经营模式及产品销售渠道

农场主要以水稻种植为主,通过扩大机械耕作的种植面积,以广种薄收获取最大种植利润。实行"早稻直播,再生稻机插,一季晚手插"的水稻种植方式。这样,既可以错开用工高峰期,又可以让自己的农机具提供社会化服务,从而提高农业机械的使用率。在人工繁忙的季节尽可能地从插秧、管理到收割全程采用机械化操作的生产模式,既可以节约劳动成本,又提高工作效率。

农场的产品销售涉及到两大块:一是通过加工稻谷,形成大米和谷壳或米糠进行销售,另外还直接销售一部分稻谷;二是利用闲余时间提供社会化服务。

庆伟农场稻田

三、发展经验

农场主认为,用工业化的眼光对待农业,改变原有的种植制度、种植模式,让农村的生产资料要素充分调动起来,提高农业生产效率才能赢得未来。

  随着土地成本、用工成本,购买农药、种子、化肥和农机具成本的增加,资金成了一大制约因素。政府或金融机构借贷需要抵押,而农村住房、土地都不能用于抵押。目前,农场融资主要是向亲朋好友借,这种方式融资量有限。家庭农场本身自有资金有限,一套大型农业机械动辄几十万、上百万。而当前国家对家庭农场在信贷方面扶持政策有限,承种面积较大的家庭农场明显感到资金投入不足。建议减化贷款手续,扩大抵押物范围,推出贴息贷款政策,让农民也能够低成本、方便地融资。

  由于国家对农业按土地进行补贴,拥有土地的农民可以坐地涨价,并要先行支付第二年的土地使用费,但撂荒现象并未减少,反而导致土地流转成本被抬高。国家对购买农机具的农民实行补贴,却也导致一些落后农机具不能及时淘汰和更新,变相抬高了农机具的实际价格。建议政府部门调整补贴方向,加大对农业基础建设投入。比如,清理淤泥与堵塞,疏通水渠,构建良好的排灌系统。目前道路已经实现了村村通,在田地方面进行必要的改造,构建一个适用的道路运输系统,让农业机械能够顺畅到达。

四、远景规划

  未来,农场将继续借助农业机械化,扩大粮食种植面积,通过优化种植结构,提高机械使用率和降低成本,达到资源利用最大化。在此基础上以家庭农场为单位组建专业合作社,增强自我抗风险能力,带动周边的农民一起发家致富。

良田丰家庭农场

——专注"稻-油"耕作

良田丰家庭农场由瑞昌市范镇良田村聂五林创建,实行"稻-油"模式耕作,以种植无公害粮油为目标,流转土地500亩,打破传统种田模式,实现集约化经营,发展生态农业,种植无公害水稻、油菜等作物。农场采用无公害栽培技术,水稻实现亩产上千斤,冬闲时节至来年3月,用于种植油菜,年收入近20万元。

一、农场发展历程

2009年,农场主聂五林通过村长、组长及田地责任人流转了400多亩土地,在当地农业部门的扶持下,投资26万元购买了耕田机、插秧机等现代农机采取机械化种植种植模式。

2012年6月,以良田丰家庭农场为基础,成立了瑞昌市天意粮油专业合作社。在村民们的大力支持下,1500多亩的土地流转手续不到一个星期就完成了。为了保障无公害水稻和油菜的质量,合作社投资200多万元,采取分格种植、统一管理的生产模式。由合作社统一提供种子,统一技术指导,统一施肥时间和肥料种类,统一用规定病虫害用药,统一销售。同时,合作社积极与农业、水利等部门协商沟通,在流转土地田边都建起了现代式的水渠,便于排灌,以确保农产品质量和产量。

天意粮油专业合作社

二、经营模式与产品销售渠道

聂五林以良田丰家庭农场为主导,成立天意粮油专业合作社,以良田丰家庭农场为标杆,以"稻-油"为主要的种植制度进行粮油无公害栽培生产。以合作社的名义统一注册商标,以"合作社+农户"的方式采取标准化种植和管理模式,带动周边农户形成规模化的农业产业。

该农场将天意粮油专业合作社生产的全程无公害标准化粮油产品,全部集中起来,实行农业龙头企业订单直销,农产品批发和零售。

三、发展经验

随着人们生活水平的提高,人们对安全粮油的需求也越来越高了,无公害大米、食用油这一日常最大消费的农产品必将是主流,只要家庭农场以坚持满足市场对无公害农产品需求为宗旨,就一定有收获。

农场收割

农场要立足当地的实际情况,利用好农场自身优势,先行试验、积累经验,用事实说话,让父老乡亲看到实惠,自愿加入农业创业队伍中来,然后在此基础上发展一定的规模,组建经营组织,并规范组织的生产、管理与经营活动,抱团发展形成地方品牌,走向市场,实现共赢。

无公害水稻和油菜种植面积逐渐扩大,为标准化管理增加了难度,加之受气候影响比较大,仍然处于靠天吃饭的状态,产量不稳定、品质难以保证完全一致,这仍是制约家庭农场发展的重要因素。

四、远景规划

接下来,农场将一方面积极与农业、水利等相关部门协商,获取更多支持,建立更多的无公害粮油生产标准化良田,并与大型农资公司、保险公司多沟通,力争在种子、化肥、农药等农资渠道获取质量保证、风险控制和优惠价格,带动更多的农民掌握无公害生产技能;另一方面积极打造农场农产品品牌,不断拓宽农业发展思路,结合农业观光旅游等理念,提供农家乐和赏油菜花美景、现场体验榨菜籽油等服务,把良田村打造成瑞昌农业观光休闲示范园,实现生态效益与旅游效益互融,让附近更多的村民在家门口实现就业创业,真正让良田村富裕起来。

湘东区丰瑞家庭农场
——全国农技推广农业科技示范户

萍乡市湘东区丰瑞家庭农场是通过荒山造林改造而成,以种植油茶为主,中药材为林下经济作物,蔬菜间作,辅以生猪和水产养殖的立体种养结构,被评为"为全国农技推广农业科技示范户"。2016年,入选省级示范家庭农场。

丰瑞园家庭农场

一、农场发展历程

丰瑞家庭农场的发展历程是中国农业发展的缩影,农场主杨文学祖祖辈辈都是地地道道的农民。农场主父辈于1991年开始进行小规模养殖,1994年开始租用山林地、水田、水库、水塘等资源,是当地有名的养猪专业大户和种粮专业大户。20多年后杨文学子承父业,并于2013年12月在萍乡市湘东区

工商行政管理局注册成立丰瑞家庭农场。农场采取种养结合的经营模式，突出无公害产品品质，提供采摘体验、观光旅游、餐饮等服务。

目前，农场拥有山地1581亩，其中油茶620亩，水田300亩，水库1座，水塘9口，自建猪舍4栋，占地面积2000多平方米；农场拥有耕田机1台、挖掘机1台、收割机1台。种植水稻300亩，年产稻谷15万千克左右，产值约30万元；种植油菜300亩，菜油产值18万元左右；淡水鱼产量5吨左右，产值约6万元；存栏生猪520头，年出栏商品猪1000头左右，产值约240万元；其他农产品收入8万元。农场长期雇工13人，季节性雇工达500多人，年发放人均工资22万元。农场前期投资在50万元~100万元，年产值在200万元以上，利润在30万元~50万元。

二、经营模式与产品销售渠道

目前，农场产品有生猪、大米、淡水黄泥巴塘鱼、林下鸡鸭、蔬菜等，与省级农业龙头企业萍乡市泰华牧业科技有限公司、萍乡市林业龙头企业江西丰瑞科技开发有限公司签订了供货协议，实行以订单直销方式为主，零售为辅的销售模式。农场正在为农副产品外包装申请专利，同时筹备申请农产品无公害、绿色、有机认证及商标注册等工作。

三、发展经验

农业创业，离不开技术和知识的支撑，而农业技术和相关经营管理知识日新月异，必须坚持学习，才能保证生产技术和经营理念不落伍。丰瑞家庭农场与江西省林科院等单位签订了长期合作战略框架协议，属江西省科技特派团富民强县工程的挂点单位，为农场发展提供了坚实的技术保障。

在规划、建设家庭农场时，应遵循以下原则：一是低投入高产出，半年要见效益；二是发展循环经济，家庭农场必须养殖种植相结合，生态循环利用物质，达到使用成本低效益高的效果；三是生产绿色食品或有机产品，安全放心、营养新鲜是效益的核心保证；四是产品特色明显，经营模式独特，能保障投资安全和高效；五是能够获得政府的各种扶持。

四、发展瓶颈及远景规划

农场经营规模较大，每年购置农机、农药、化肥、良种、人工等需要投入资金超过200万元,而农村土地、房屋作为固定资产抵押不被银行认可,较难从银行获取贷款。农业保险承保力度较小。以水稻为例,赔付标准偏低,水稻绝收时,每亩才赔付300元。

长期以来,虽然流转区域实施了标准粮田改造工程以及农业综合开发土地整理项目,但数量少,设施不配套,有些又年久失修,农田抗旱只能靠长距离管道引水,成本高,效率低下;设施用地不足,配套建设仓储、晒场、机坪等需要占用一定农场面积,如何合法有效地获得土地,政策上存在障碍,现在农场只能利用坡地用于配套设施建设。

下一步,农场计划扩大经营规模,开设加工厂,打造农产品品牌,提高农产品附加值,拓展销售渠道,依托互联网,建立电商平台,走"互联网+家庭农场"的发展道路。

农场种植园一角

高安市梦里水乡家庭农场

——种养结合多元发展

高安市梦里水乡家庭农场,位于高安市灰埠镇潘家村,2014年在高安市工商局正式注册登记。农场着力打造循环生态农业,实行种养结合,以生猪养殖为主,同时延伸产业链,发展种植业,积极发展休闲观光农业。该农场变废为宝,用生猪养殖产生的粪便做成有机肥种植蔬菜,给果树、牧草施肥,再以牧草用来做鱼饲料。目前,农场发展积极响应国家资源可持续发展战略,实现了农区景区化,既提高了收益又保护了环境,农场负责人谌浩中于2015年被评为江西省劳模。

梦里水乡农场养猪场

一、农场发展历程

2008年7月,谌浩中回到家乡高安灰埠镇八斗岭创办养猪场,一次引进30头长大二元母猪,3头大约克母猪,1头杜洛克公猪。在创建养猪场前,为

积累技术和经验,农场负责人参加了养猪培训班,并到猪场考察学习了近一年。熟悉、掌握了生猪养殖的每一个过程。

生猪养殖场起初主要采取"自给自足"的方式发展生产。所谓"自给自足"就是养母猪然后进行繁殖,母猪产崽主要供自家饲养,这样的饲养方式确保损失最低。几年下来,生猪养殖场的繁殖速度迅速增长,原有的场房、设备和场地等已经远远不能满足发展需求。2011年,湛浩中投入100万元用于扩大养殖场规模和更新设备,存栏5000头,年出栏生猪10000头,引进的母猪数量增加到380头;2014年,注册登记梦里水乡家庭农场并流转土地近300亩,种植蔬菜和梨树。

2015年,农场向银行成功申请贷款200万元。其中,100万元用于兴建了葡萄果园,另100万元承包了鱼塘搞起淡水鱼养殖。农场还建成了1000立方米的沼气池,同时配备一台高功率发电机组,满足自身用电的同时,还解决了周边村民的生活用电问题。

目前,农场生产的产品都得到无公害认证,其中"碧冠牌"翠冠梨还被评为"江西省著名商标"。

二、经营模式与产品销售渠道

梦里水乡家庭农场采取的是"种(养)殖+观光农业"模式。主打生态牌,以可持续发展为理念,积极打造一个现代化的休闲农场。

目前,以养猪业带动的淡水鱼养殖前景大好,鱼肉质嫩鲜美,受到广大消费者喜爱,产品主要销往沿海地区,农场接到的订购量也日益增大。近几年,农场还大面积种植葡萄,多元化发展。

农场产品主要通过农产品批发市场、采摘兼零售的方式进行销售;农场生猪因品质优良,市场需求量大,产品直接面向消费人群,以出售鲜猪肉为主。

三、发展经验

敬业精神是首要的,对自己从事的行业要愿意倾注所有的精力和情感。真心热爱着,做一行爱一行,再苦也是甜。

其次,经营农场还要懂得科学有效的管理方法。科学技术第一生产力,现代事业的发展离不开科学技术和科学管理,科学的管理方法也是为了高效的生产。

学会坚持也是十分重要。遇到问题及时找出原因,不被眼前遇到的挫折所折服。只有经历了,学会应对,下一次才能以更好的姿态面对。2014年,农场遭遇了严重损失。生猪价格跌至近几年的最低,损失高达200万元,到了2015年,猪价回升明显,所得收益弥补了上年亏空。正是坚持,使得农场的发展迎来春天。

农场种植园

四、远景规划

目前,农场最主要的问题是产品销售问题。以种植为主的农场最担心的是农产品滞销,未来,农场希望加入和建设一个农产品信息共享平台,把产品以最快的速度销售出去,既保证农场收益,又能保证最终到达消费者手中的农产品质量。

生态、绿色、环保、高效的生产模式是梦里水乡家庭农场的发展方向,力争在5年之内把农场打造成为高安市家庭农场的"领头羊",并入选省级农业产业化龙头企业。

后 记

党的十八大以来,江西省委在十三届七次全体(扩大)会议上提出"发展升级、小康提速、绿色崛起、实干兴赣"十六字方针,强调继续巩固农业基础地位不动摇,并要加快构建和完善新型农业经营体系。自此,以农业企业、农民专业合作社和家庭农场为代表的新型农业经营主体在我省竞相发展,追梦绿色田园,以技术创新促我省农业产量稳步提升,确保农产品质量与安全;深耕舌尖市场,融"互联网+"于销售渠道开拓,聚力精准销路助我省农民增收。这是当前我省农村面临"谁来种地,怎样种地"难题的新突破,是生产关系的新调整,生产力的新发展,对于推动我省农村经济再上新台阶、实现农业现代化,具有十分重要的战略意义。

本书编撰历经一载有余,力争客观、全面呈现我省新型农业经营主体经营全貌,提炼和传播成功经验、优秀做法和典型事迹,旨在为建设富裕美丽幸福江西、加快我省现代农业发展提供决策依据。

在此,特别感谢为本书的提供帮助的人员,包括龚福保、赖作平、刘枝梅、尹小小、黄芳萍等同志。由于时间仓促,书中难免出现疏漏,敬请广大读者不吝赐教!

编 者

2016 年 11 月 16 日